LA SABIDURÍA DE SALOMÓN

Una Guía para la Iluminación Espiritual y Verdadera Cumplimiento

Nicolas X. Beulah

Tabla de contenido

INTRODUCCIÓN

El legado eterno de la sabiduría de Salomón

La sabiduría de Salomón ha cautivado los corazones y las mentes de las personas durante siglos. Salomón, conocido como el hombre más sabio de la historia bíblica, fue un rey del antiguo Israel que vivió alrededor del 970 al 931 a. Su sabiduría no fue producto del esfuerzo humano ni de la mera capacidad intelectual; fue un regalo divino. Según la Biblia, Salomón oró a Dios pidiendo comprensión y discernimiento para gobernar a su pueblo con justicia. En respuesta, Dios le concedió una sabiduría incomparable, junto con riqueza y honor, distinguiéndolo como una figura única cuyas ideas han resistido la prueba del tiempo.

La sabiduría de Salomón es eterna porque habla de las luchas y preguntas universales que la humanidad continúa enfrentando. Sus enseñanzas, que se encuentran en libros como Proverbios, Eclesiastés y La Sabiduría de Salomón, ofrecen orientación para vivir una vida significativa. La capacidad de Salomón para abordar cuestiones como la justicia, las relaciones, la humildad y la búsqueda del conocimiento resuena en todas las culturas y generaciones. Estas enseñanzas no son sólo artefactos históricos; son herramientas prácticas que las personas pueden utilizar para navegar sus vidas, construir mejores relaciones y buscar la realización espiritual.

Uno de los aspectos más notables de la sabiduría de Salomón es su amplia aplicabilidad. Sus proverbios son dichos breves y memorables que contienen verdades profundas sobre el comportamiento y las relaciones humanas. Por ejemplo, el dicho: "La respuesta amable quita la ira, pero la palabra dura hace subir la ira" es una lección sobre la resolución de conflictos que sigue siendo relevante hoy en día. De manera similar, sus reflexiones en Eclesiastés exploran el significado de la vida y la naturaleza fugaz de las actividades terrenales, animando a las personas a buscar un propósito más profundo y espiritual.

La importancia de la sabiduría de Salomón se ve aún más subrayada por su reputación como gobernante justo y equitativo. Una de las historias más famosas sobre él involucra a dos mujeres que acudieron a él, y ambas afirmaban ser madres del mismo bebé. La sugerencia de Salomón de dividir al bebé en dos reveló a la verdadera madre, demostrando su capacidad para discernir la verdad y aplicar la sabiduría para resolver problemas difíciles. Esta historia ilustra cómo se puede utilizar la sabiduría para promover la justicia y proteger a los vulnerables, valores que siguen siendo esenciales en cualquier sociedad.

Las enseñanzas de Salomón también enfatizan la importancia del conocimiento y la comprensión. Anima a las personas a buscar la sabiduría como si fuera un tesoro escondido, valorándola por encima de las riquezas materiales. Esta perspectiva desafía la obsesión moderna por las posesiones y el estatus, recordándonos que la verdadera realización proviene del crecimiento personal y la iluminación espiritual. Salomón entendió que la sabiduría no se trata sólo de conocer hechos; se trata de entender cómo vivir bien, tomar buenas decisiones y contribuir positivamente al mundo que nos rodea.

Otro elemento clave del legado de Salomón es su humildad al reconocer las limitaciones del entendimiento humano. En Eclesiastés, declara que "todo tiene su tiempo", reconociendo que la vida está llena de incertidumbres y ciclos que escapan a nuestro control. Esta idea nos enseña a afrontar la vida con paciencia y confianza en un poder superior. También nos recuerda que la sabiduría incluye la capacidad de aceptar lo que no podemos cambiar mientras nos esforzamos por sacar lo mejor de las circunstancias que enfrentamos.

de Salomón continúa influyendo en personas de todas las edades, animándolas a vivir sabiamente y compartir sus ideas con los demás. Esta transmisión generacional de sabiduría resalta su valor duradero como regalo que puede compartirse y multiplicarse.

Hoy, la sabiduría de Salomón sigue siendo tan relevante como siempre. En una época marcada por rápidos avances tecnológicos y complejos desafíos globales, sus enseñanzas nos recuerdan los principios eternos que conducen a una vida significativa y equilibrada. Al estudiar y aplicar sus conocimientos, las personas pueden obtener claridad en su toma de decisiones, fortalecer sus relaciones y encontrar satisfacción más allá del éxito material.

La sabiduría de Salomón es un tesoro de guía espiritual y práctica que trasciende el tiempo y la cultura. Nos invita a mirar más allá de la superficie de nuestra vida diaria y considerar las cuestiones más profundas de propósito, significado y conexión.

Al abrazar estas lecciones eternas, cualquiera puede embarcarse en un viaje hacia la iluminación y la verdadera realización, tal como lo pretendía Salomón cuando compartió por primera vez su extraordinario don con el mundo.

CAPÍTULO 1

Comprender la fuente de la sabiduría de Salomón

El don de la sabiduría: la petición de Salomón y la respuesta de Dios

La petición de sabiduría de Salomón es una de las historias más profundas de la Biblia y muestra su humildad y sus prioridades como joven rey. Cuando Salomón se convirtió en gobernante de Israel después de su padre David, enfrentó una enorme responsabilidad. Dirigir una nación requiere no sólo fuerza sino también capacidad para tomar decisiones justas y mantener la paz entre la gente. En ese momento crítico de su vida, Salomón recurrió a Dios, no en busca de riqueza, poder o beneficio personal, sino en busca de sabiduría para gobernar a su pueblo con justicia. Su petición y la respuesta de Dios han sido una inspiración para generaciones.

La historia está registrada en el libro de 1 Reyes 3:5-15. Una noche, mientras Salomón estaba en Gabaón, Dios se le apareció en sueños y le dijo: "Pide lo que quieras que te dé". Esta extraordinaria oferta de Dios reveló su favor hacia Salomón. En lugar de dejarse tentar por las riquezas, la larga vida o la victoria sobre sus enemigos, Salomón hizo una petición humilde y desinteresada. Pidió un corazón perspicaz para gobernar al pueblo y distinguir entre el bien y el mal. Salomón reconoció que su tarea como rey no consistía sólo en gobernar sino en servir a su pueblo con justicia y comprensión. Su petición mostró un profundo sentido de responsabilidad y un deseo de honrar a Dios en su liderazgo.

Dios estuvo complacido con la petición desinteresada de Salomón. Reconoció que Salomón podría haber pedido riqueza, una larga vida o seguridad personal, pero prefirió buscar sabiduría para el beneficio de los demás. En respuesta, Dios concedió a Salomón una sabiduría sin igual, diciendo: "Te daré un corazón sabio y perspicaz, para que nunca haya habido nadie como tú, ni lo habrá jamás". Este don divino era más que un simple conocimiento intelectual; era una capacidad espiritual para comprender y aplicar la verdad, ver más allá de las apariencias y tomar decisiones que reflejaran la justicia y el amor de Dios.

Además de otorgarle sabiduría a Salomón, Dios también le prometió bendiciones que no había pedido. Le aseguró a Salomón riqueza y honor, convirtiéndolo en uno de los reyes más ricos y respetados de la historia. Además, Dios prometió que si Salomón seguía sus mandamientos y permanecía fiel, se le concedería una larga vida. Esta respuesta destacó la generosidad de Dios y su aprobación de las prioridades de Salomón. También sirvió como recordatorio de que buscar sabiduría y alinearse con la voluntad de Dios trae no sólo recompensas espirituales sino también bendiciones inesperadas.

La importancia del don de sabiduría de Salomón es evidente en el impacto que tuvo en su reinado y el legado que dejó. Su capacidad para tomar decisiones justas y perspicaces trajo paz y prosperidad a Israel. Uno de los ejemplos más famosos de la sabiduría de Salomón es el caso de las dos mujeres que acudieron a él, cada una afirmando ser madre del mismo bebé. La sugerencia de Salomón de dividir al bebé en dos reveló a la verdadera madre, que estaba dispuesta a renunciar a su hijo para salvar su vida. Esta historia no sólo demostró la capacidad de Salomón para discernir la verdad sino también su comprensión de las emociones y relaciones humanas.

La sabiduría de Salomón se extendió más allá del gobierno. Se hizo famoso por sus conocimientos sobre la naturaleza, la ciencia y las complejidades de la vida humana. Personas de todo el mundo vinieron a escuchar sus enseñanzas, incluida la Reina de Saba, quien viajó una gran distancia para presenciar su sabiduría de primera mano. Los escritos de Salomón, como los Proverbios y el Eclesiastés, siguen guiando a las personas en su vida diaria y ofrecen consejos prácticos sobre temas como la integridad, la humildad y la búsqueda del conocimiento. Su sabiduría no era sólo para su época; fue atemporal y abordó verdades universales que siguen siendo relevantes hoy.

La historia del pedido de sabiduría de Salomón también enseña lecciones valiosas sobre las prioridades y la naturaleza del verdadero liderazgo. El primer acto de Salomón como rey fue buscar la guía de Dios, reconociendo su dependencia de la sabiduría divina en lugar de confiar en sus propias habilidades. Esta humildad es un recordatorio de que la verdadera fuerza reside en reconocer nuestras limitaciones y acudir a Dios en busca de ayuda. También enfatiza que el liderazgo no se trata de beneficio personal sino de servir a los demás y luchar por la justicia.

Además, la petición de Salomón resalta la importancia de elegir sabiamente cuando se nos presentan oportunidades. En lugar de dejarse llevar por placeres temporales o deseos egoístas, Salomón se centró en lo que beneficiaría a su pueblo y traería gloria a Dios. Esta decisión no sólo dio forma a su reinado, sino que también lo estableció como un modelo a seguir para líderes e individuos que buscan tomar decisiones significativas en sus vidas.

La respuesta de Dios a Salomón también demuestra su carácter de proveedor amoroso y generoso. Está dispuesto a bendecir a quienes priorizan los valores espirituales sobre las ganancias materiales. Al conceder a Salomón más de lo que pidió, Dios demostró que recompensa a quienes lo buscan con sinceridad y alinean sus deseos con Sus propósitos. Este aspecto de la historia anima a las personas a confiar en la provisión de Dios y a buscar Su sabiduría en todos los ámbitos de la vida.

En el mundo actual, la historia de la petición de sabiduría de Salomón sigue siendo profundamente relevante. Nos recuerda que el verdadero éxito no se mide por la riqueza o el estatus, sino por la capacidad de vivir sabiamente y tomar decisiones que honren a Dios y beneficien a los demás. El ejemplo de Salomón desafía a las personas a reflexionar sobre sus prioridades y a buscar la sabiduría como base para el crecimiento personal, el liderazgo y las relaciones.

El don de sabiduría de Salomón también subraya el poder transformador de alinear nuestros deseos con la voluntad de Dios. Cuando pedimos guía con un corazón genuino, Dios es fiel al proporcionarnos no solo lo que necesitamos sino, a menudo, mucho más de lo que esperamos. Esta seguridad anima a los creyentes a acercarse a Dios con confianza, sabiendo que Él valora nuestras oraciones y está listo para bendecirnos en formas que exceden nuestra imaginación.

La oración de Salomón pidiendo sabiduría y la generosa respuesta de Dios ilustran los principios eternos de la humildad, el altruismo y la búsqueda de la comprensión espiritual. La historia de Salomón inspira a las personas a buscar la sabiduría por encima de todo, confiando en que es la clave para una vida plena y significativa. Como lo demuestra su vida, el don de la sabiduría no se trata sólo del éxito personal; se trata de servir a los demás, honrar a Dios y dejar un legado de verdad y justicia para las generaciones futuras.

El papel de la inspiración divina en las enseñanzas de Salomón

Las enseñanzas y los escritos de Salomón son algunas de las obras más profundas y duraderas de la historia, y su profundidad y sabiduría reflejan la influencia de la inspiración divina. Sus palabras, plasmadas en los libros de Proverbios, Eclesiastés y

La Sabiduría de Salomón, son más que las reflexiones de un rey sabio; contienen ideas que resuenan profundamente con la naturaleza humana y las verdades espirituales. Esta inspiración divina es evidente en la relevancia eterna de sus enseñanzas, su claridad moral y la capacidad única de guiar a las personas hacia una vida con significado y propósito.

La inspiración divina es fundamental para comprender la sabiduría de Salomón. Según los relatos bíblicos, el extraordinario discernimiento de Salomón no fue solo el resultado del esfuerzo o estudio humano. Cuando oró pidiendo sabiduría, Dios le concedió un corazón lleno de comprensión y la capacidad de aplicar las verdades divinas a la vida humana. Este don le permitió a Salomón ver más allá de la superficie de los asuntos cotidianos y reconocer las realidades espirituales más profundas que gobiernan la vida. Sus escritos reflejan esta perspectiva divina y ofrecen una guía que trasciende las limitaciones de la cultura, el tiempo y la experiencia individual.

El libro de Proverbios es uno de los ejemplos más claros de la sabiduría divinamente inspirada de Salomón. Proverbios es una colección de dichos breves e impactantes que enseñan lecciones prácticas sobre la vida. Estos dichos abordan temas como la honestidad, la humildad, las relaciones y la importancia de buscar el conocimiento. Por ejemplo, Proverbios 9:10 dice: "El temor del Señor es el principio de la sabiduría, y el conocimiento del Santo es la inteligencia". Este versículo revela una verdad fundamental: la verdadera sabiduría comienza con reconocer la autoridad de Dios y alinear la vida con Sus principios. La simplicidad y claridad de tales enseñanzas las hacen fáciles de entender, pero su profundidad fomenta una vida de reflexión y aplicación.

Otro ejemplo de Proverbios es la instrucción de confiar en Dios en lugar de depender únicamente del entendimiento humano. Proverbios 3:5-6 aconseja: "Confía en el Señor con todo tu corazón, y no te apoyes en tu propia prudencia; Sométete a Él en todos tus caminos, y Él enderezará tus veredas". Esta guía enfatiza que el razonamiento humano, si bien es valioso, es limitado. Al confiar en Dios, las personas pueden encontrar dirección y claridad en sus vidas, incluso en circunstancias difíciles o inciertas. Estas enseñanzas están inspiradas en una perspectiva divina que ve más allá de las limitaciones humanas.

El libro de Eclesiastés ofrece una reflexión diferente, pero igualmente profunda, sobre la vida y su significado. Escrito en un tono más filosófico, Eclesiastés explora la naturaleza fugaz de las actividades mundanas y el propósito último de la existencia humana. Salomón examina varios aspectos de la vida (riqueza, placer, trabajo y sabiduría) y concluye que sin una conexión con Dios, todas estas cosas "no tienen sentido". Eclesiastés 12:13 resume sus reflexiones: "Teme a

Dios y guarda sus mandamientos, porque este es el deber de toda la humanidad". Esta conclusión resalta la inspiración divina en las enseñanzas de Salomón, y dirige a los lectores a priorizar su relación con Dios por encima de todo.

Uno de los aspectos más sorprendentes de Eclesiastés es la honestidad de Salomón acerca de las luchas humanas y las limitaciones de los logros terrenales. No rehuye reconocer las frustraciones y las incertidumbres de la vida, pero ofrece esperanza señalando a Dios como la fuente suprema de realización. Por ejemplo, Eclesiastés 3:1-11 habla de las estaciones de la vida, recordando a los lectores que hay un tiempo para todo y que Dios "ha hecho todo hermoso a su tiempo". Este pasaje refleja la sabiduría divina al reconocer los ritmos de la vida y el plan general de Dios.

La Sabiduría de Salomón, que se encuentra en los libros apócrifos, revela además el papel de la inspiración divina en las enseñanzas de Salomón.

Este libro enfatiza la importancia de la sabiduría como un don divino y explora su papel al guiar a las personas hacia la justicia y una comprensión más profunda de Dios. En Sabiduría de Salomón 7:25-26, la sabiduría se describe como "una pura emanación de la gloria del Todopoderoso" y "un reflejo de la luz eterna". Estas descripciones poéticas resaltan el origen espiritual de la sabiduría y su poder transformador en la vida humana.

La Sabiduría de Salomón también aborda temas de justicia, moralidad y la búsqueda de la verdad. Presenta la sabiduría como una guía que lleva a las personas a vivir en armonía con la voluntad de Dios. Por ejemplo, Sabiduría de Salomón 6:12-15 describe la sabiduría como radiante e inmarcesible, lista para ser encontrada por aquellos que la buscan fervientemente. Esta descripción anima a los lectores a valorar la sabiduría por encima de las posesiones materiales o la ambición personal, enfatizando su papel como un regalo divino que brinda satisfacción duradera.

A lo largo de los escritos de Salomón, la influencia de la inspiración divina es evidente en la forma en que sus enseñanzas se alinean con el carácter y los propósitos de Dios. Sus palabras constantemente dirigen a los lectores hacia una vida centrada en verdades espirituales en lugar de preocupaciones temporales y mundanas. Esta alineación con los principios divinos le da a sus enseñanzas su poder y relevancia duraderos. No se limitan a ofrecer consejos para situaciones específicas; Proporcionan un marco para vivir una vida de integridad, propósito y conexión espiritual.

Además, la accesibilidad de las enseñanzas de Salomón refleja su origen divino. Ya sea en forma de proverbios, reflexiones o expresiones poéticas, sus palabras están elaboradas de una manera que se dirige a personas de todas las edades y orígenes. Su simplicidad los hace fáciles de entender, mientras que su profundidad desafía a los lectores a pensar profundamente y aplicarlos a sus vidas. Este equilibrio es un sello distintivo de la inspiración divina, ya que garantiza que las enseñanzas sean significativas y universalmente aplicables.

El impacto de la sabiduría divinamente inspirada de Salomón no se limita a los individuos; ha dado forma a sociedades y culturas a lo largo de la historia. Sus enseñanzas han sido fundamentales para los sistemas morales y éticos, influyendo en las leyes, la educación y los valores comunitarios. Al enfatizar principios como la justicia, la humildad y la búsqueda de la verdad, los escritos de Salomón han guiado a innumerables personas en su vida personal y colectiva.

La inspiración divina jugó un papel central en la configuración de las enseñanzas y los escritos de Salomón. Desde la sabiduría práctica de Proverbios hasta las reflexiones de Eclesiastés y la profundidad espiritual de la Sabiduría de Salomón, sus palabras llevan la marca de una autoridad superior. Guían a los lectores hacia una vida con significado, propósito y conexión con Dios, ofreciendo verdades eternas que continúan inspirando y transformando vidas. El legado de Salomón nos recuerda el profundo impacto que la sabiduría divina puede tener en las personas y las comunidades, animándonos a buscar la misma guía en nuestras propias vidas.

Cómo la sabiduría de Salomón dio forma al antiguo Israel

La sabiduría de Salomón fue una característica definitoria de su reinado como rey de Israel, moldeando a la nación de maneras que trajeron prosperidad, unidad y crecimiento espiritual. Su profundo conocimiento, otorgado por Dios, le permitió gobernar con eficacia, inspirar asombro entre las naciones vecinas y fomentar un sentido de estabilidad y progreso dentro de Israel. El gobierno de Salomón se convirtió en sinónimo de una edad de oro para los israelitas, donde la paz y la riqueza florecieron bajo su sabio liderazgo.

Una de las formas clave en que la sabiduría de Salomón contribuyó a la prosperidad de Israel fue a través de sus reformas administrativas y políticas económicas. Salomón comprendió la importancia de la organización y el gobierno eficiente, lo que le permitió administrar el reino con eficacia. Dividió Israel en distritos administrativos, cada uno de los cuales era responsable de proporcionar recursos al gobierno central. Este sistema aseguró un suministro constante de bienes y servicios a la corte real y apoyó el crecimiento del reino. Su sabiduría en la gestión de recursos también se extendió a la creación de redes comerciales. Al establecer alianzas con naciones vecinas y utilizar la ubicación estratégica de Israel, Salomón facilitó el comercio que trajo riqueza y bienes valiosos al reino.

Los proyectos de construcción de Salomón fueron otro testimonio de su sabiduría y visión. El más significativo de ellos fue la construcción del Templo en Jerusalén, un logro monumental que se convirtió en el corazón espiritual y cultural de Israel. El

Templo no era sólo un lugar de adoración sino también un símbolo de la unidad de la nación y la dedicación a Dios. La atención de Salomón al detalle en su construcción (utilizando los mejores materiales y reclutando artesanos expertos) reflejó su compromiso de honrar a Dios y crear un legado duradero. La finalización del Templo marcó un momento significativo para los israelitas, ya que proporcionó un lugar central para el culto y reforzó su identidad como pueblo elegido de Dios.

Más allá del Templo, Salomón emprendió otros proyectos de infraestructura que mejoraron la calidad de vida en Israel. Construyó ciudades, caminos y fortificaciones, garantizando la seguridad del reino y promoviendo el comercio y las comunicaciones. Estos acontecimientos mejoraron la posición de Israel entre las naciones vecinas, lo que le valió el respeto y la admiración de Salomón como líder que se preocupaba por el bienestar de su pueblo.

La sabiduría de Salomón también jugó un papel crucial en el fomento de la unidad entre las tribus de Israel. Cuando llegó a ser rey, la nación todavía estaba en transición desde el reinado de su padre, David, quien había establecido a Israel como un reino unificado. La capacidad de Salomón para mantener y fortalecer esta unidad fue el resultado de su juicio justo y sus habilidades diplomáticas. Trabajó para resolver disputas y mantener la armonía entre las tribus, asegurándose de que todos se sintieran representados y valorados bajo su gobierno. Su sabiduría se hizo evidente en su capacidad para abordar cuestiones complejas y ofrecer soluciones justas y equitativas.

Uno de los ejemplos más famosos de la sabiduría de Salomón al juzgar fue el caso de las dos mujeres que afirmaban ser madres del mismo bebé. Su decisión de sugerir dividir al bebé para revelar la verdadera identidad de la madre demostró no sólo su conocimiento de la naturaleza humana sino también su compromiso con la justicia. Este incidente solidificó su reputación como gobernante sabio y justo, lo que le valió la confianza y la lealtad de su pueblo.

Espiritualmente, la sabiduría de Salomón tuvo un profundo impacto en Israel. Sus enseñanzas y escritos, como los que se encuentran en el libro de Proverbios, brindaron orientación para vivir una vida que agradara a Dios. Estas enseñanzas enfatizaban valores como la humildad, la honestidad y el temor del Señor, animando a los israelitas a llevar una vida recta. La propia dedicación de Salomón a buscar la sabiduría de Dios sirvió de ejemplo para su pueblo, inspirándolos a priorizar su relación con Dios.

El templo que construyó Salomón también jugó un papel central en el crecimiento espiritual de Israel. Se convirtió en el punto focal de la vida religiosa, donde la gente se reunía para ofrecer sacrificios, celebrar festivales y buscar la presencia de Dios. El Templo unificó a la nación en torno a una fe compartida y creó un sentido de pertenencia y propósito. La oración de Salomón en la dedicación del Templo, registrada en 1 Reyes 8, reflejó su deseo de que el pueblo permaneciera fiel a Dios y de que el Templo fuera un lugar donde pudieran buscar perdón y guía.

Sin embargo, la sabiduría de Salomón también se extendió al fomento de relaciones con otras naciones, lo que contribuyó a la prosperidad e influencia de Israel. A través de alianzas, acuerdos comerciales e intercambios culturales, fortaleció la posición de Israel en la región. La visita de la reina de Saba es un ejemplo notable de cómo la sabiduría y los logros de Salomón atrajeron la atención de todas partes. Su visita no sólo demostró el alcance de su reputación sino que también destacó la riqueza y la estabilidad de Israel bajo su gobierno.

A pesar de estos éxitos, es importante reconocer que los últimos años de Salomón estuvieron marcados por desafíos y deficiencias. Su decisión de casarse con esposas extranjeras y permitir la adoración de sus dioses finalmente debilitó la unidad espiritual de Israel. Esto sirve como recordatorio de que incluso la gran sabiduría debe ir acompañada de una fidelidad constante a los mandamientos de Dios. Si bien el reinado de Salomón trajo prosperidad y crecimiento incomparables, sus decisiones también ilustran la importancia de alinear las acciones de uno con la voluntad de Dios para asegurar bendiciones duraderas.

La sabiduría de Salomón moldeó al antiguo Israel de maneras que lo transformaron en una nación próspera, unida y espiritualmente vibrante. Su capacidad para gobernar eficazmente, construir relaciones y guiar a su pueblo hacia una relación más estrecha con Dios dejó un legado perdurable. Las lecciones de su reinado continúan inspirando y guiando a personas y comunidades hoy, recordándonos el poder de la sabiduría y la importancia de buscar la guía de Dios en todos los aspectos de la vida.

CAPÍTULO 2

Sabiduría en la vida cotidiana

Principios de justicia y equidad en los fallos de Salomón

El enfoque de Salomón hacia la justicia y la equidad estaba profundamente arraigado en la sabiduría que recibió de Dios. Como rey al que se le había confiado el bienestar de su pueblo, comprendió la importancia de la imparcialidad, la perspicacia y la compasión a la hora de resolver disputas. Sus fallos se caracterizaron por su capacidad para mirar más allá de las cuestiones superficiales y descubrir la verdad, garantizando que se hiciera justicia. Este enfoque no sólo resolvió conflictos sino que también estableció un estándar para un liderazgo recto en Israel.

Uno de los ejemplos más famosos de la sabiduría de Salomón en la justicia es el caso de las dos mujeres que afirmaban ser madres del mismo bebé. Este caso, registrado en 1 Reyes 3:16-28, demuestra vívidamente la capacidad de Salomón para discernir la verdad y emitir un veredicto justo. Las dos mujeres, que vivían ambas en la misma casa, dieron a luz a un niño cada una. Trágicamente, uno de los bebés murió durante la noche y la afligida madre cambió a su hijo fallecido por el vivo. Cuando la otra mujer se despertó y descubrió que el niño muerto no era suyo, surgió una acalorada disputa y llevaron el asunto ante el rey Salomón.

Ante esta difícil situación, Salomón demostró una compostura y sabiduría notables. Escuchó atentamente a ambas mujeres, comprendiendo la profundidad de sus emociones y la complejidad del caso. En lugar de tomar una decisión apresurada basada en apariencias o pruebas incompletas, Salomón ideó una prueba para revelar la verdad. Dio instrucciones de que el bebé vivo se dividiera en dos y que cada mujer recibiera la mitad. Si bien esta orden sorprendió a los presentes, la intención de Salomón no era dañar al niño sino observar las reacciones de las mujeres.

El amor de la verdadera madre por su hijo fue evidente en su respuesta. Inmediatamente le suplicó a Salomón que le perdonara la vida al niño, incluso si eso significaba entregárselo a la otra mujer. La otra mujer, sin embargo, no mostró ninguna preocupación por el bienestar del bebé y aceptó la división. Salomón, reconociendo el altruismo y la compasión de la verdadera madre, la declaró madre legítima y le devolvió el bebé. Este juicio no sólo resolvió la disputa sino que también demostró la capacidad de Salomón para descubrir la verdad mediante sabiduría y perspicacia.

Este caso se hizo ampliamente conocido en todo Israel y más allá, solidificando la reputación de Salomón como gobernante sabio y justo. El pueblo se maravilló de su capacidad para administrar justicia y la vio como un reflejo de la sabiduría divina que le había sido otorgada. Su manejo del caso enfatizó que la verdadera justicia requiere más que conocimiento de la ley: requiere comprensión de la naturaleza humana, empatía y un compromiso con la justicia.

Los principios de justicia y equidad de Salomón se extendieron más allá de los casos de alto perfil. Sus decisiones en las disputas cotidianas entre el pueblo de Israel reflejaron su dedicación a mantener la armonía y garantizar que todos, independientemente de su estatus social, fueran tratados con dignidad y respeto. Reconoció que la justicia no consistía sólo en resolver conflictos sino también en fomentar la confianza y la unidad dentro de la comunidad.

Como líder, Salomón buscó crear un sistema legal que defendiera estos principios. Estableció una red de jueces y funcionarios de quienes se esperaba que siguieran su ejemplo al dictar sentencias justas e imparciales. Al delegar responsabilidades y garantizar que la justicia fuera accesible para todos, Salomón fortaleció los cimientos de su reino y promovió la estabilidad social.

La sabiduría que se encuentra en las enseñanzas de Salomón también proporcionó orientación sobre la justicia y la equidad en la vida diaria. El libro de Proverbios, atribuido a Salomón, contiene numerosas ideas sobre estos temas. Por ejemplo, Proverbios 21:3 dice: "Hacer lo correcto y justo es más aceptable al Señor que los sacrificios". Este versículo resalta la importancia de priorizar la justicia y la integridad en nuestras interacciones con los demás, mostrando que la verdadera rectitud proviene de tratar a las personas con honestidad y respeto.

El énfasis de Salomón en la justicia también se puede ver en sus puntos de vista sobre la imparcialidad. Proverbios 18:5 advierte contra mostrar favoritismo al juzgar, afirmando: "No es bueno ser parcial con los impíos ni privar de justicia al inocente". Esta enseñanza refleja la necesidad de que tanto los líderes como las personas basen sus decisiones en la verdad y la justicia en lugar de en prejuicios personales o presiones externas.

El legado del enfoque de Salomón hacia la justicia y la equidad se extiende mucho más allá de su época. Su ejemplo nos recuerda que el liderazgo es una responsabilidad que requiere humildad, compasión y un profundo compromiso de servir a los demás. Ya sea resolviendo disputas, tomando decisiones o guiando a otros, los principios demostrados por Salomón continúan inspirando y enseñando lecciones valiosas sobre la justicia y la integridad.

El enfoque de Salomón hacia la justicia y la equidad estuvo marcado por su capacidad para comprender las verdades más profundas detrás de las disputas y emitir juicios que reflejaban sabiduría y compasión. Su famoso fallo en el caso de las dos mujeres que reclaman el mismo bebé sirve como un ejemplo atemporal de cómo la verdadera justicia va más allá de los tecnicismos legales y se centra en el bienestar de todos los involucrados. A través de su liderazgo, enseñanzas y dedicación a la justicia, Salomón estableció un estándar de justicia que continúa guiando e inspirando a las personas de hoy.

Cultivar el discernimiento: separar la verdad del engaño

La sabiduría de Salomón fue un don extraordinario que le permitió discernir la verdad del engaño. Esta capacidad no era simplemente una habilidad intelectual sino una comprensión profunda guiada por la inspiración divina y arraigada en principios de justicia, compasión y conocimiento de la naturaleza humana. A lo largo de su reinado, Salomón demostró este don en sus juicios y decisiones, mostrando que la verdad a menudo se encuentra debajo de la superficie y requiere una consideración cuidadosa para descubrirla.

Uno de los ejemplos más conocidos del discernimiento de Salomón se encuentra en la historia de las dos mujeres que afirmaban ser madres de un bebé. El enfoque de Salomón para resolver este conflicto ilustró su capacidad de mirar más allá de las apariencias y los argumentos emocionales para descubrir la verdad. Al sugerir que se dividiera al niño, reveló el amor genuino de la verdadera madre, cuya voluntad de sacrificar su pretensión de salvar a su hijo expuso el engaño de la otra mujer. Este caso enseña que el discernimiento a menudo implica observar los motivos y acciones de las personas en lugar de simplemente confiar en lo que dicen.

La sabiduría de Salomón también fue evidente en sus escritos, particularmente en el libro de Proverbios. Muchas de las enseñanzas de Proverbios se centran en la importancia del discernimiento en la vida diaria. Por ejemplo, Proverbios 3:21-22 anima a las personas a "preservar el buen juicio y la discreción", ya que aportan vida y protección al individuo. Salomón entendió que el discernimiento es una habilidad que requiere tanto conocimiento como práctica. Implica ser cauteloso, reflexivo y consciente de las intenciones de los demás sin dejar de guiarse por los principios de verdad y rectitud.

En la vida moderna, la capacidad de discernir la verdad del engaño es igualmente vital. Las personas a menudo se enfrentan a información contradictoria, argumentos engañosos y situaciones en las que los motivos están ocultos. Cultivar el discernimiento ayuda a las personas a tomar mejores decisiones, evitar ser engañadas y construir relaciones más sólidas basadas en la confianza y la honestidad. Hay varias maneras prácticas de desarrollar esta habilidad aprendiendo del ejemplo de Salomón.

Primero, escuchar atentamente es un aspecto esencial del discernimiento. Salomón a menudo escuchaba atentamente a quienes presentaban sus casos antes de tomar una decisión. Esta práctica le permitió recopilar la mayor cantidad de información posible e identificar inconsistencias o verdades subyacentes. Hoy en día, escuchar activa y atentamente puede ayudar a las personas a comprender mejor a los demás, detectar la deshonestidad y responder sabiamente. Implica prestar atención no sólo a las palabras sino también al tono, el lenguaje corporal y el contexto.

En segundo lugar, es fundamental buscar sabiduría en fuentes confiables. El discernimiento de Salomón estaba arraigado en su relación con Dios, quien le concedió sabiduría. De manera similar, hoy en día las personas pueden mejorar su capacidad de discernir consultando a mentores confiables, leyendo materiales reveladores y buscando orientación a través de la oración o la reflexión. Rodearse de personas íntegras y sabias crea un ambiente donde se valora la verdad y se desaconseja el engaño.

En tercer lugar, desarrollar habilidades de pensamiento crítico es importante para separar la verdad de las mentiras. Los juicios de Salomón a menudo se basaban en un razonamiento y análisis cuidadosos. Los individuos modernos pueden seguir su ejemplo cuestionando suposiciones, evaluando evidencia y evitando conclusiones apresuradas. Este enfoque ayuda a identificar inconsistencias y reconocer cuando algo no se alinea con la realidad. Por ejemplo, al evaluar reclamos u ofertas, es aconsejable verificar los hechos, considerar las motivaciones detrás de ellos y buscar una segunda opinión si es necesario.

Otra forma de cultivar el discernimiento es practicando la empatía. Los juicios de Salomón a menudo reflejaban su comprensión de las emociones y motivaciones humanas. La empatía permite a las personas ver situaciones desde la perspectiva de los demás, lo que puede proporcionar información valiosa sobre sus verdaderas intenciones. Por ejemplo, comprender por qué alguien podría actuar de cierta manera puede revelar si sus acciones son genuinas o engañosas.

Salomón también valoró la humildad, reconociendo que la comprensión humana es limitada sin guía. Un enfoque humilde del discernimiento reconoce la posibilidad de error y fomenta la apertura al aprendizaje y la corrección. Esta mentalidad ayuda a las personas a permanecer objetivas y abiertas a nueva información, lo que les permite tomar decisiones justas y equilibradas.

Además, es clave mantener un enfoque en los principios morales y éticos. La sabiduría de Salomón estaba arraigada en su compromiso con la justicia y la verdad. En la vida moderna, las personas que priorizan la honestidad, la integridad y la compasión están mejor equipadas para identificar el engaño y defender la verdad. Es más probable que las decisiones guiadas por estos valores den lugar a resultados justos y beneficiosos para todas las partes involucradas.

La oración o la meditación pueden desempeñar un papel importante en el cultivo del discernimiento.

La sabiduría de Salomón fue un regalo de Dios y a menudo buscó la guía divina en sus decisiones. Para quienes practican la fe, buscar conocimiento espiritual puede proporcionar claridad y confianza para afrontar situaciones complejas. Incluso para aquellos que no siguen una fe en particular, la reflexión tranquila y la atención plena pueden ayudar a despejar las distracciones y concentrarse en lo que es verdaderamente importante.

La capacidad de Salomón para discernir la verdad del engaño ofrece lecciones eternas que siguen siendo relevantes en el mundo actual. Al escuchar atentamente, buscar sabiduría, pensar críticamente, practicar la empatía, abrazar la humildad y priorizar los valores éticos, las personas pueden desarrollar las habilidades necesarias para afrontar los desafíos y emitir juicios acertados. Estas prácticas no sólo ayudan a identificar el engaño sino también a construir una vida guiada por la verdad y la integridad, que conduzca a relaciones significativas y una realización duradera.

El discernimiento de Salomón fue un don profundo que moldeó su liderazgo e inspiró a innumerables generaciones. Su ejemplo muestra que la capacidad de descubrir la verdad requiere sabiduría, paciencia y compromiso con la rectitud. Al aplicar estos principios a la vida cotidiana, las personas pueden fortalecer su discernimiento, protegerse del engaño y tomar decisiones que reflejen los valores de la justicia y la compasión. La sabiduría de Salomón continúa ofreciendo guía para quienes buscan vivir con claridad y propósito en un mundo en constante cambio.

Aplicar las lecciones de Salomón a los desafíos modernos

La sabiduría de Salomón, profundamente arraigada en sus experiencias y en su inspiración divina, ha sido una fuente de guía para las personas a lo largo de los siglos. Sus enseñanzas brindan lecciones prácticas que siguen siendo relevantes para los desafíos modernos en las relaciones, las carreras y el crecimiento personal. Al examinar los principios de Salomón, las personas pueden encontrar formas significativas de abordar las complejidades de la vida diaria y al mismo tiempo fomentar un sentido de propósito y realización.

Una de las enseñanzas más notables de Salomón es la importancia de comprender y valorar las relaciones. En sus escritos, Salomón enfatiza la necesidad de bondad, paciencia y respeto mutuo. En Proverbios, desaconseja las palabras duras, explicando que pueden provocar ira, mientras que la comunicación amable puede calmar los conflictos. Para las relaciones modernas, esta lección destaca la importancia de una comunicación eficaz. Ya sea con familiares, amigos o colegas, elegir las palabras cuidadosamente y escuchar con atención ayuda a construir vínculos más fuertes y resolver malentendidos.

Otra lección clave de Salomón es la importancia de la confianza y la honestidad. A menudo habla del valor de la integridad y advierte contra el comportamiento engañoso. Por ejemplo, en Proverbios afirma que aquellos que caminan en integridad vivirán seguros. Este principio es esencial en las relaciones actuales, ya que la confianza constituye la base de cualquier conexión duradera. La honestidad en palabras y acciones crea una atmósfera de seguridad y confiabilidad, que fomenta vínculos emocionales y comprensión más profundos.

Solomon también brinda orientación sobre cómo resolver conflictos. Aconseja buscar sabiduría y consejo durante las disputas en lugar de confiar únicamente en las emociones. Esto es especialmente relevante en los desafíos modernos donde los malentendidos pueden escalar rápidamente debido al estrés o la falta de comunicación. Al buscar asesoramiento de fuentes confiables y mantener la calma durante los desacuerdos, las personas pueden encontrar soluciones justas que respeten a todos los involucrados.

En el ámbito de las carreras, la sabiduría de Salomón habla del valor de la diligencia y la preparación. Con frecuencia elogia el trabajo duro y la planificación como caminos hacia el éxito. En Proverbios, compara a la hormiga trabajadora con el individuo perezoso, instando a otros a observar la dedicación de la hormiga a almacenar provisiones para el futuro. Esta analogía sirve como recordatorio de que el esfuerzo constante y la previsión son cruciales para alcanzar los objetivos profesionales. Ya sea que se trate de estudiar para un examen, completar un proyecto o crear un negocio, las enseñanzas de Salomón inspiran perseverancia y una planificación cuidadosa.

Otra lección aplicable a las carreras es el énfasis de Salomón en la humildad y la voluntad de aprender. Nos recuerda que los sabios son aquellos que buscan el conocimiento y aceptan la corrección. En el acelerado mundo actual, la adaptabilidad y la mentalidad de crecimiento son invaluables. Estar abierto a la retroalimentación, aprender de los errores y mejorar continuamente son rasgos que pueden conducir al avance profesional y la satisfacción personal. La sabiduría de Salomón anima a las personas a ver cada desafío como una oportunidad de crecimiento y a abordar su trabajo con un sentido de propósito.

Además, Salomón advierte contra los peligros de la codicia y la búsqueda de riqueza a expensas del propio bienestar. Señala que las riquezas pueden traer satisfacción temporal pero no conducirán a una felicidad duradera. Esta perspectiva es especialmente importante en la sociedad moderna, donde la presión para lograr el éxito financiero a menudo eclipsa otros aspectos de la vida. Las enseñanzas de Salomón recuerdan a las personas que deben priorizar el equilibrio, asegurando que las aspiraciones profesionales no se realicen a costa de las relaciones, la salud o el crecimiento espiritual.

El crecimiento personal es otra área donde la sabiduría de Salomón ofrece ideas valiosas. Uno de sus temas recurrentes es la búsqueda del conocimiento y la comprensión. A menudo enfatiza que la sabiduría comienza con el temor del Señor, es decir, un profundo respeto y reverencia por la guía divina. Este principio anima a las personas a buscar la sabiduría no sólo para obtener ganancias materiales sino para llevar una vida significativa. En un contexto moderno, esto puede significar establecer metas que se alineen con los valores propios y esforzarse por crecer en carácter, empatía y autoconciencia.

Salomón también destaca la importancia del autocontrol y la disciplina en el crecimiento personal. Advierte contra las decisiones impulsivas y explica que quienes carecen de autodisciplina a menudo enfrentan dificultades innecesarias. Esta lección es particularmente relevante en el mundo actual, donde abundan las distracciones y las tentaciones. Desarrollar el autocontrol ayuda a las personas a tomar mejores decisiones, mantenerse concentradas en sus objetivos y evitar arrepentimientos. Por ejemplo, administrar el tiempo de manera eficaz, mantener hábitos saludables y establecer límites en las relaciones son formas de practicar la autodisciplina inspirada en la sabiduría de Salomón.

La gratitud es otro tema clave en las enseñanzas de Salomón. Con frecuencia anima a las personas a encontrar satisfacción en las simples bendiciones de la vida en lugar de esforzarse constantemente por conseguir más. En Eclesiastés, reflexiona sobre la inutilidad de perseguir la riqueza y el poder, y concluye que la alegría proviene de apreciar el trabajo, la familia y las experiencias diarias. En la cultura materialista y acelerada de hoy, este mensaje es un poderoso recordatorio para reducir la velocidad y encontrar alegría en el momento presente.

Salomón también enseña sobre la inevitabilidad de los desafíos y la necesidad de resiliencia. Reconoce que la vida está llena de altibajos, pero anima a las personas a confiar en el plan de Dios y permanecer firmes en su fe. Para los desafíos modernos, esta lección brinda esperanza y perspectiva. Recuerda a las personas que las dificultades son una parte natural de la vida y que la perseverancia, junto con la confianza en un propósito superior, puede conducir al crecimiento y la realización personal.

Salomón enfatiza la importancia de la comunidad y el apoyo de los demás. Señala que dos son mejores que uno porque pueden ayudarse mutuamente a tener éxito y brindarse fortaleza en momentos de necesidad. Este principio subraya el valor de construir redes sólidas de apoyo tanto en la vida personal como profesional. En el mundo interconectado de hoy, fomentar relaciones que fomenten la colaboración, el apoyo mutuo y los objetivos compartidos puede marcar una diferencia significativa a la hora de superar los desafíos.

La sabiduría de Salomón proporciona una guía eterna para afrontar los desafíos modernos en las relaciones, las carreras y el crecimiento personal. Sus enseñanzas sobre la bondad, la honestidad, la diligencia, la humildad, el autocontrol y la gratitud sirven como herramientas prácticas para vivir una vida equilibrada y plena. Al aplicar estos principios, las personas pueden abordar sus luchas con claridad, resiliencia y un sentido de propósito más profundo, encontrando una verdadera satisfacción en cada aspecto de sus vidas. El legado de Salomón sigue inspirando y ofreciendo una hoja de ruta para quienes buscan sabiduría y crecimiento en un mundo en constante cambio.

CAPÍTULO 3

La búsqueda del conocimiento y la comprensión

Las enseñanzas de Salomón sobre el valor del conocimiento

Salomón, a menudo considerado como una de las figuras más sabias de la historia, concedía gran importancia a la búsqueda del conocimiento. Sus enseñanzas, profundamente arraigadas en sus experiencias y sabiduría divina, enfatizan que adquirir conocimiento es esencial no sólo para el avance personal sino también para el crecimiento espiritual y la comprensión de las complejidades de la vida. Consideraba el conocimiento como una base para tomar decisiones sabias, mejorar las relaciones y cultivar una conexión significativa con Dios y los demás.

Una de las ideas más profundas de Salomón sobre el valor del conocimiento se encuentra en el Libro de Proverbios. Con frecuencia describe el conocimiento como más valioso que la riqueza material, y explica que el oro y la plata pueden brindar satisfacción temporal, pero el conocimiento enriquece el alma y conduce a una satisfacción duradera. Para Salomón, el conocimiento no consistía sólo en obtener hechos; se trataba de comprender los principios de la vida, la naturaleza humana y lo divino. Creía que el verdadero conocimiento comienza con la reverencia a Dios, refiriéndose a menudo al temor del Señor como el comienzo de la sabiduría. Esta perspectiva nos enseña que la humildad y el respeto por un poder superior son puntos de partida esenciales para cualquier búsqueda significativa de conocimiento.

En sus escritos, Salomón también establece una clara conexión entre conocimiento y discernimiento. Enfatiza que adquirir conocimiento permite a las personas distinguir entre el bien y el mal, el bien y el mal, y la verdad y el engaño. Esta capacidad de discernir es crucial para tomar decisiones acertadas y afrontar los desafíos de la vida. Por ejemplo, la propia vida de Salomón demostró cómo el conocimiento le ayudó a abordar cuestiones complejas, como resolver disputas o liderar una nación. Entendió que el conocimiento dota a los individuos de las herramientas para evaluar situaciones cuidadosamente, considerar las consecuencias de sus acciones y tomar decisiones que se alineen con valores morales y éticos.

Otra lección importante de las enseñanzas de Salomón es el papel del conocimiento en el crecimiento personal. Animó a sus seguidores a buscar conocimiento continuamente, enfatizando que el aprendizaje es un proceso que dura toda la vida. Creía que aquellos que están abiertos a la instrucción y dispuestos a aprender de los demás demuestran humildad y sabiduría. En Proverbios, Salomón frecuentemente elogia a quienes aceptan la corrección, destacando que los sabios no tienen miedo de reconocer sus errores y crecer a partir de ellos. Este principio sigue siendo relevante hoy en día, ya que el crecimiento personal a menudo requiere autorreflexión, aprender de las experiencias y aprovechar oportunidades para ampliar la propia comprensión.

Las enseñanzas de Salomón también resaltan la conexión entre el conocimiento y el autocontrol. Observó que el conocimiento ayuda a las personas a gestionar sus emociones y reacciones, permitiéndoles responder a situaciones de forma reflexiva en lugar de impulsiva. En Proverbios, escribe que una persona que controla su espíritu es más poderosa que aquella que captura una ciudad, enfatizando la importancia de la disciplina interior. Esta idea nos enseña que el conocimiento permite a las personas comprender sus emociones, reconocer los factores desencadenantes y responder con sabiduría y gracia. Esta lección es particularmente valiosa en la vida moderna, donde la inteligencia emocional juega un papel importante en la construcción de relaciones y el logro del éxito personal y profesional.

Para Salomón, la búsqueda del conocimiento era también un viaje espiritual. Lo veía como una forma de profundizar la relación con Dios y comprender sus propósitos para la humanidad. Creía que comprender las leyes y los principios de Dios aporta claridad y dirección a la vida. Las reflexiones de Salomón en Eclesiastés demuestran su búsqueda por comprender el significado y el propósito de la vida. Exploró varios aspectos de la existencia humana, como el trabajo, el placer y las relaciones, y finalmente concluyó que una vida centrada en Dios es el único camino hacia la verdadera realización. Esta perspectiva anima a las personas a buscar conocimiento no sólo para beneficio personal sino para alinear sus vidas con verdades espirituales superiores.

Salomón también advirtió contra el mal uso del conocimiento. Entendió que el conocimiento sin sabiduría puede conducir a la arrogancia y al daño. Enfatizó que el verdadero conocimiento debe ir acompañado de humildad y deseo de servir a los demás. En Proverbios, explica que las personas sabias usan su conocimiento para beneficiar a otros, ofreciendo orientación, apoyo y aliento. Este principio nos recuerda que el propósito de adquirir conocimiento no es sólo la superación personal sino también contribuir al bienestar de los demás. Al compartir conocimientos y utilizarlos para mejorar a quienes nos rodean, podemos crear un impacto positivo en nuestras comunidades.

En el mundo actual, el énfasis de Salomón en adquirir conocimiento sigue siendo profundamente relevante. El rápido avance de la tecnología y el acceso a la información hacen que la búsqueda del conocimiento sea más accesible que nunca. Sin embargo, las enseñanzas de Salomón nos recuerdan que debemos abordar el conocimiento con discernimiento y centrándonos en el aprendizaje significativo. Nos anima a buscar conocimientos que forjen el carácter, fomenten la comprensión y se alineen con nuestros valores. Este enfoque garantiza que nuestra búsqueda de conocimiento contribuya al crecimiento personal y espiritual en lugar de simplemente acumular hechos.

Las lecciones de Salomón también inspiran curiosidad y amor por aprender. Creía que la búsqueda del conocimiento trae alegría y satisfacción, ya que abre puertas a nuevas oportunidades y experiencias. Sus escritos nos alientan a hacer preguntas, explorar diferentes perspectivas y aceptar el aprendizaje como una aventura. Tanto para niños como para adultos, esta mentalidad fomenta la creatividad, la resiliencia y el aprecio por el descubrimiento durante toda la vida.

Además, el énfasis de Salomón en el valor del conocimiento nos enseña la importancia de la educación. Reconoció que el conocimiento prepara a los individuos para alcanzar su potencial y contribuir significativamente a la sociedad. En su época, líderes y eruditos de todo el mundo buscaban la sabiduría de Salomón, lo que demuestra cómo el conocimiento puede trascender fronteras y unir a las personas. Este principio nos recuerda el poder de la educación para crear oportunidades, cerrar brechas e inspirar la colaboración en el mundo diverso e interconectado de hoy.

Las enseñanzas de Salomón nos animan a buscar el conocimiento con un sentido de propósito y gratitud. Entendió que el conocimiento es un don de Dios, destinado a guiar y enriquecer nuestras vidas. Al reconocer esto, podemos abordar el aprendizaje con humildad y con el deseo de utilizar nuestro conocimiento para el bien. Ya sea aprender una nueva habilidad, comprender un tema complejo o buscar sabiduría espiritual, el ejemplo de Salomón nos inspira a ver el conocimiento como una herramienta para el crecimiento, el servicio y la conexión.

Las enseñanzas de Salomón sobre el valor del conocimiento ofrecen lecciones eternas para el crecimiento espiritual y personal. Nos muestra que el conocimiento no se trata sólo de adquirir información sino de comprender las verdades más profundas de la vida y utilizar esa comprensión para tomar decisiones sabias, construir relaciones significativas y vivir una vida plena. Su sabiduría nos anima a buscar el conocimiento con humildad, curiosidad y compromiso de servir a los demás, recordándonos que el verdadero propósito del aprendizaje es crecer en carácter y alinear nuestras vidas con los principios de Dios. El legado de Salomón continúa inspirándonos y guiándonos por un camino de descubrimiento, comprensión y enriquecimiento espiritual.

Equilibrando el crecimiento intelectual con la conciencia espiritual

Equilibrar el crecimiento intelectual con la conciencia espiritual es una práctica importante que ayuda a las personas a llevar una vida más significativa y plena. En el mundo actual, acelerado e impulsado por la información, las personas a menudo priorizan los logros intelectuales, como la educación y los logros profesionales, mientras descuidan involuntariamente su bienestar espiritual. Sin embargo, el crecimiento intelectual y la conciencia espiritual no son fuerzas opuestas; al contrario, se complementan entre sí, creando una vida armoniosa y enriquecida.

El crecimiento intelectual implica la búsqueda del conocimiento, el pensamiento crítico y el desarrollo de habilidades. Permite a las personas resolver problemas, comprender el mundo y contribuir significativamente a la sociedad. Por otro lado, la conciencia espiritual se centra en comprender el yo interior, conectarse con un propósito superior y fomentar valores como la bondad, la humildad y la compasión. Cuando estos dos aspectos están equilibrados, forman una base sólida para el crecimiento y la realización personal.

Para empezar, las personas pueden equilibrar sus objetivos intelectuales y espirituales estableciendo intenciones claras. El crecimiento intelectual suele estar orientado a objetivos e implica logros mensurables, como obtener títulos o dominar habilidades. La conciencia espiritual, sin embargo, es un viaje más interior, a menudo arraigado en la autorreflexión y en la alineación con los propios valores. Establecer intenciones que combinen ambas áreas ayuda a las personas a mantenerse firmes mientras buscan el éxito. Por ejemplo, uno puede esforzarse por adquirir conocimientos no sólo para beneficio personal sino también para generar un impacto positivo en los demás. Esta perspectiva transforma los esfuerzos intelectuales en actos de servicio y crecimiento espiritual.

Practicar la atención plena es otra forma eficaz de equilibrar estos aspectos de la vida. La atención plena implica estar presente y plenamente involucrado en el momento actual, ya sea trabajando en una tarea intelectual o participando en prácticas espirituales. Cuando las personas son conscientes, pueden prestar toda su atención a sus objetivos sin sentirse abrumados o desconectados. Por ejemplo, mientras estudiamos o trabajamos, la atención plena permite concentrarse profundamente y desempeñarse de manera efectiva. De manera similar, durante los momentos de oración, meditación o reflexión, la atención plena fomenta una conexión más profunda con el yo espiritual.

Otra estrategia clave es incorporar prácticas espirituales en las rutinas diarias. Estas prácticas no tienen por qué consumir mucho tiempo ni ser complejas; Incluso las pequeñas acciones pueden marcar la diferencia. Por ejemplo, comenzar el día con gratitud ayuda a las personas a reflexionar sobre sus bendiciones y alinear sus intenciones con sus valores. De manera similar, tomar descansos breves para respirar profundamente o reflexionar tranquilamente durante los días ocupados puede ayudar a mantener una sensación de calma y conciencia espiritual. Estos momentos de quietud permiten a las personas reconectarse con su yo interior y encontrar el equilibrio en medio de las demandas intelectuales.

Interactuar con textos y enseñanzas inspiradores es otra forma de fomentar el crecimiento tanto intelectual como espiritual. Leer libros que combinan la sabiduría con el conocimiento práctico, como las obras de Salomón, proporciona información valiosa para vivir una vida equilibrada. Por ejemplo, los escritos de Salomón en Proverbios enfatizan la importancia de la sabiduría y la comprensión y al mismo tiempo alientan la humildad y la confianza en Dios. Estas enseñanzas recuerdan a las personas que los logros intelectuales deben estar guiados por principios éticos y un sentido de propósito.

Construir relaciones que apoyen el crecimiento tanto intelectual como espiritual es igualmente importante. Rodearse de personas que valoran el aprendizaje y la conexión espiritual crea un ambiente de estímulo y crecimiento mutuo. Por ejemplo, unirse a grupos o comunidades que comparten intereses similares en el desarrollo personal o actividades religiosas puede brindar oportunidades para conversaciones significativas y experiencias compartidas. Estas relaciones inspiran a las personas a buscar la excelencia sin dejar de ser fieles a sus valores.

Además, las personas deben ser conscientes del papel de la tecnología en sus vidas. Si bien la tecnología ofrece amplias oportunidades para el crecimiento intelectual, también puede crear distracciones que obstaculizan la conciencia espiritual. Establecer límites en torno al uso de la tecnología, como limitar el tiempo frente a la pantalla o designar períodos sin dispositivos, ayuda a crear un espacio para la reflexión y la conexión con los demás. Este equilibrio permite a las personas beneficiarse de los avances tecnológicos sin perder de vista sus prioridades espirituales.

La gestión del tiempo juega un papel crucial en el equilibrio de las actividades intelectuales y espirituales. Asignar tiempos específicos para el trabajo, el estudio y las prácticas espirituales garantiza que ninguna área se descuide. Por ejemplo, programar momentos regulares para la oración, la meditación o asistir a servicios de adoración crea una rutina espiritual consistente que complementa los esfuerzos intelectuales. Esta estructura ayuda a las personas a mantenerse organizadas y concentradas, facilitando la integración de ambos aspectos en su vida diaria.

La gratitud es otra herramienta poderosa para mantener el equilibrio. Reconocer y apreciar las oportunidades de crecimiento intelectual, así como la presencia de guía espiritual, fomenta un sentido de humildad y satisfacción. La gratitud cambia el enfoque del esfuerzo constante al reconocimiento del valor del momento presente, brindando una sensación de paz y armonía.

Aprender a abrazar el descanso y el cuidado personal también es vital para equilibrar el crecimiento intelectual con la conciencia espiritual. Trabajar demasiado la mente sin atender al alma puede provocar agotamiento y una sensación de vacío. Tomarse el tiempo para relajarse, disfrutar de la naturaleza y dedicarse a pasatiempos fomenta tanto la creatividad intelectual como la renovación espiritual. Actividades sencillas, como caminar por un parque, escuchar música estimulante o practicar yoga, brindan oportunidades para conectarse con uno mismo interior mientras rejuvenecen la mente.

Otro aspecto esencial es practicar el perdón y dejar de lado el perfeccionismo. Las actividades intelectuales a menudo implican la lucha por la excelencia, lo que a veces puede generar estrés y autocrítica innecesarios. La conciencia espiritual enseña la importancia de la compasión, tanto hacia uno mismo como hacia los demás. Aceptar el perdón y las imperfecciones ayuda a las personas a afrontar los desafíos con gracia y resiliencia, fomentando un equilibrio más saludable entre el intelecto y el espíritu.

Reflexionar sobre el propósito y los valores propios proporciona claridad y dirección. Tomarse el tiempo para considerar preguntas como "¿Qué es lo que realmente me importa?" y "¿Cómo puede mi conocimiento servir a otros?" Alinea las actividades intelectuales con las metas espirituales. Esta alineación garantiza que los esfuerzos de uno sean significativos y contribuyan a una sensación de plenitud.

Equilibrar el crecimiento intelectual con la conciencia espiritual es un viaje que requiere intención, atención plena y esfuerzo constante. Al integrar prácticas espirituales en la vida diaria, fomentar relaciones significativas, administrar el tiempo de manera efectiva y mantenerse conectados con los valores y el propósito, las personas pueden armonizar estos dos aspectos esenciales de la vida. La sabiduría de Salomón ofrece una guía eterna, recordándonos que el conocimiento y la espiritualidad son caminos interconectados que conducen a una comprensión más profunda de nosotros mismos, de los demás y del mundo que nos rodea. A través de este equilibrio, las personas pueden lograr no sólo el éxito personal sino también una profunda sensación de paz interior y plenitud.

Sabiduría más allá de la academia: lecciones de vida de Salomón

La sabiduría de Salomón, como se ve en sus escritos y enseñanzas, va mucho más allá de la educación formal. Ofrece lecciones eternas para la vida práctica, abordando aspectos universales de la vida como las relaciones, el trabajo, la toma de decisiones y la formación del carácter. Sus enseñanzas enfatizan valores y principios que pueden guiar a las personas hacia una existencia plena y significativa, independientemente de su formación académica.

Una de las enseñanzas clave de Salomón es la importancia de la humildad. En el libro de Proverbios, Salomón destaca repetidamente los peligros del orgullo y el valor de mantener un corazón humilde. Enseña que la humildad abre la puerta al aprendizaje y al crecimiento, mientras que la arrogancia conduce a la caída. Por ejemplo, Proverbios dice: "Antes de la destrucción va el orgullo, y antes de la caída el espíritu altivo". Esta verdad simple pero profunda se aplica a todas las áreas de la vida y recuerda a las personas que deben permanecer firmes y abiertos a la corrección. La humildad permite a las personas construir relaciones sólidas y ganarse el respeto de los demás.

Otra lección importante de Salomón es la importancia de la diligencia y el trabajo duro. En Proverbios, compara los hábitos de las personas diligentes con los de la gente perezosa, e insta a los lectores a cultivar una sólida ética de trabajo. Él escribe: "Ve a la hormiga, perezoso; ¡Considera sus caminos y sé sabio! No tiene comandante, ni supervisor ni gobernante, pero almacena sus provisiones en el verano y recoge sus alimentos en la cosecha". Estas imágenes vívidas animan a las personas a asumir la responsabilidad de sus vidas, planificar el futuro y ser proactivos. El trabajo duro no sólo es esencial para lograr el éxito sino también para desarrollar el carácter y la sensación de logro.

Salomón también enseña sobre el valor de tomar decisiones sabias. La vida está llena de opciones y la capacidad de discernir el camino correcto es una habilidad que se puede desarrollar a través de la sabiduría. Salomón aconseja buscar consejo y considerar las consecuencias a largo plazo de nuestras acciones. Él escribe: "A los necios les parece derecho el camino, pero los sabios escuchan los consejos". Esta lección es particularmente relevante en situaciones donde las decisiones impulsivas pueden llevar al arrepentimiento. Al tomarse el tiempo para reflexionar, buscar orientación y sopesar cuidadosamente las opciones, las personas pueden tomar decisiones que se alineen con sus valores y objetivos.

Otra lección de vida de Salomón es el poder del autocontrol. Advierte contra dejarse dominar por las emociones, en particular la ira y la envidia, que pueden conducir a comportamientos destructivos. En Proverbios, afirma: "Es mejor una persona paciente que un guerrero, uno con dominio propio que uno que toma una ciudad". Esta enseñanza enfatiza que la verdadera fuerza reside en la capacidad de gestionar las emociones y acciones. Practicar el autocontrol ayuda a las personas a afrontar conflictos, construir relaciones más sólidas y mantener una sensación de paz y equilibrio.

El valor de la honestidad y la integridad es otro tema central en la sabiduría de Salomón. Alienta a las personas a hablar con sinceridad y actuar con sinceridad, ya que estas cualidades generan confianza y conducen a una conciencia tranquila. Escribe: "El Señor detesta los labios mentirosos, pero se deleita en las personas dignas de confianza". El énfasis de Salomón en la honestidad se aplica a todos los aspectos de la vida, desde las relaciones personales hasta los esfuerzos profesionales. Defender la integridad fomenta el éxito a largo plazo y garantiza que los logros se basen en una base sólida.

Solomon también ofrece consejos prácticos sobre la gestión de riqueza y recursos. Si bien reconoce los beneficios de la prosperidad, advierte contra los peligros de la codicia y las prioridades fuera de lugar. Escribe: "Quien ama el dinero nunca tiene suficiente; Quien ama la riqueza nunca está satisfecho con sus ingresos". Esta enseñanza recuerda a las personas que deben abordar los asuntos financieros con equilibrio y satisfacción. Salomón aboga por la generosidad, animando a las personas a compartir sus bendiciones con los demás y utilizar sus recursos para el bien. Este principio no sólo promueve un sentido de comunidad sino que también trae realización personal.

Un tema recurrente en las enseñanzas de Salomón es la importancia de las relaciones. Proporciona orientación sobre cómo construir conexiones sólidas y saludables con los demás, ya sea en amistades, matrimonios o comunidades. Él escribe: "Así como el hierro se afila con el hierro, así una persona afila a otra". Esta metáfora resalta el valor del apoyo mutuo y la influencia constructiva en las relaciones. Salomón también aconseja sobre las cualidades que se deben buscar en amigos y socios, enfatizando la confiabilidad, la bondad y la comprensión.

La sabiduría de Salomón se extiende a la búsqueda de la paz y la armonía. Alienta a las personas a evitar conflictos innecesarios y abordar los desacuerdos con paciencia y sabiduría. Él escribe: "La respuesta amable quita la ira, pero la palabra dura hace subir la ira". Esta enseñanza subraya el poder de la comunicación y la importancia de resolver problemas con gracia y humildad. Promover la paz no sólo fortalece las relaciones sino que también crea un ambiente positivo para el crecimiento personal y comunitario.

El tema de la gratitud es otro aspecto esencial de las enseñanzas de Salomón. Recuerda a los lectores que aprecien las bendiciones que tienen y encuentren alegría en las cosas simples de la vida. En Eclesiastés escribe: "No hay nada mejor para una persona que comer, beber y alegrarse en su trabajo; este es el don de Dios". Esta perspectiva anima a las personas a centrarse en el momento presente, celebrar pequeñas victorias y cultivar un corazón de agradecimiento. La gratitud mejora el bienestar general y fomenta una sensación de satisfacción.

Salomón enseña la importancia de buscar la sabiduría por encima de todo. Presenta la sabiduría como una luz guía que ilumina el camino hacia una vida significativa. Él escribe: "Bienaventurados los que encuentran la sabiduría, los que adquieren entendimiento, porque ella es más rentable que la plata y produce mejores rendimientos que el oro". El énfasis de Salomón en la sabiduría trasciende la educación formal y enfatiza su aplicación práctica en la vida cotidiana. La sabiduría ayuda a las personas a tomar decisiones informadas, construir relaciones sólidas y afrontar los desafíos de la vida con confianza.

Las enseñanzas de Salomón brindan lecciones valiosas para vivir una vida equilibrada y plena. Su énfasis en la humildad, la diligencia, el autocontrol, la honestidad y la gratitud ofrece una guía eterna que se aplica a personas de todos los orígenes y circunstancias. Estos principios recuerdan a las personas que la verdadera sabiduría no se limita a los logros académicos, sino que se refleja en la forma en que viven, se relacionan con los demás y contribuyen al mundo que los rodea. Al abrazar las lecciones de vida de Salomón, las personas pueden cultivar el carácter, encontrar un propósito y experimentar la riqueza de una vida bien vivida.

CAPÍTULO 4

Riqueza, poder y verdadera realización

La relación de Salomón con la riqueza y el éxito material

Salomón, conocido como uno de los reyes más ricos y sabios de la historia, tenía una relación única con la riqueza y el éxito material. Sus vastas riquezas, grandes proyectos arquitectónicos e influencia internacional fueron incomparables durante su reinado. Sin embargo, a pesar de su inmensa riqueza, Salomón reflexionó profundamente sobre su papel en la vida y la búsqueda de la realización. Sus experiencias y escritos brindan lecciones eternas sobre la verdadera naturaleza de la prosperidad y sus limitaciones.

La riqueza de Salomón era extraordinaria: oro, plata y otros tesoros llegaban a su reino desde todas partes. La Biblia registra que durante su reinado la plata abundaba tanto en Jerusalén que se la consideraba tan común como las piedras. Sus ingresos anuales provenientes únicamente del oro eran asombrosos, y construyó magníficas estructuras, incluido el Templo de Jerusalén y su palacio real. Su éxito material fue visto como un reflejo de las bendiciones de Dios, una recompensa por su sabiduría y dedicación para construir una nación que honrara a Dios.

Sin embargo, Salomón era muy consciente de que la riqueza por sí sola no podía traer felicidad ni plenitud duraderas. En el libro de Eclesiastés, escribe extensamente sobre su búsqueda de satisfacción a través de riquezas, posesiones y placeres. Confiesa que no se negó a nada de lo que sus ojos deseaban, adquiriendo grandes tesoros, sirvientes y bienes lujosos. A pesar de estas actividades, Solomon concluye que, en última instancia, esos esfuerzos no tenían sentido y los compara con "correr tras el viento".

Una de las razones por las que Salomón consideraba que la riqueza era insuficiente para una verdadera realización era su naturaleza fugaz. Reconoció que las posesiones materiales son temporales y no pueden proporcionar el gozo profundo y duradero que proviene de relaciones significativas, una vida con propósito o una conexión con Dios. Escribe: "Quien ama el dinero nunca tiene suficiente; Quien ama la riqueza nunca está satisfecho con sus ingresos". Esta observación refleja la naturaleza insaciable de la codicia, donde la búsqueda de más puede conducir a la insatisfacción en lugar de la satisfacción.

Salomón también observó que la riqueza podía conducir a la arrogancia y a una falsa sensación de seguridad. Advirtió que depender del éxito material podría hacer que las personas olvidaran su dependencia de Dios y pasaran por alto las necesidades de los demás. En Proverbios escribe: "No te esfuerces por hacerte rico; No confíes en tu propia astucia. Si echas un vistazo a las riquezas, desaparecerán, porque seguramente les crecerán alas y volarán hacia el cielo como un águila". Estas imágenes capturan la incertidumbre de las riquezas y la necesidad de centrarse en lo que realmente importa.

A pesar de sus críticas a la riqueza, Salomón no descartó por completo su valor. Reconoció que los recursos materiales, cuando se usan sabiamente, pueden ser una bendición. La riqueza podría brindar oportunidades de generosidad, mejorar la capacidad de uno para servir a los demás y mejorar la calidad de vida. Animó a la gente a disfrutar los frutos de su trabajo y escribió: "Una persona no puede hacer nada mejor que comer y beber y encontrar satisfacción en su propio trabajo. Esto también, según veo, viene de la mano de Dios". Esta perspectiva equilibrada resalta que, si bien la riqueza puede brindar consuelo y alegría, debe ir acompañada de gratitud y un sentido de responsabilidad.

Salomón también enfatizó la importancia de priorizar la riqueza espiritual sobre las posesiones materiales. Él escribe: "Es mejor un poco con temor del Señor que muchas riquezas con agitación". Esta enseñanza subraya que la paz, la integridad y una relación correcta con Dios son mucho más valiosas que la acumulación de riquezas. La verdadera realización proviene de alinear la vida con los principios divinos y vivir en armonía con los demás.

Las reflexiones de Salomón sobre la riqueza también se extienden al concepto de legado. Reconoció que el éxito material es fugaz porque no puede llevarse más allá de esta vida. Escribe en Eclesiastés: "Odié todas las cosas por las que me había esforzado debajo del sol, porque debo dejarlas al que viene después de mí. ¿Y quién sabe si esa persona será sabia o necia? Esta conciencia lo llevó a enfatizar la importancia de invertir en lo que perdura, como la sabiduría, las relaciones y las contribuciones al bienestar de los demás.

En términos modernos, las enseñanzas de Salomón recuerdan a la gente que vea la riqueza como una herramienta y no como un fin en sí misma. Buscar la riqueza por sí misma a menudo conduce al vacío, pero usarla para crear un cambio positivo puede traer satisfacción. Su vida ilustra que la verdadera medida del éxito no es el tamaño de la cuenta bancaria, sino el impacto que uno tiene en el mundo y la profundidad del carácter.

La relación de Salomón con la riqueza también enseña la importancia del equilibrio. No glorificó la pobreza ni idolatró las riquezas. En cambio, buscó un camino intermedio, reconociendo que el éxito material, aunque beneficioso, no es el objetivo final. Él oró: "No me deis pobreza ni riquezas, sino sólo el pan de cada día. De lo contrario, tal vez tenga demasiado y los renegue y diga: "¿Quién es el Señor?" O tal vez me empobrezca y robe, y así deshonre el nombre de mi Dios". Esta oración refleja su deseo de contentamiento y confianza en Dios en lugar de riqueza material.

Las reflexiones de Salomón sobre la riqueza siguen resonando porque abordan verdades universales sobre los deseos y prioridades humanos. Su vida sirve como una advertencia sobre los peligros del exceso y un recordatorio para centrarse en lo que realmente importa. Al abrazar sus enseñanzas, las personas pueden aprender a administrar sus recursos sabiamente, cultivar la gratitud y buscar la realización en las relaciones, el propósito y el crecimiento espiritual.

La relación de Salomón con la riqueza y el éxito material revela profundas ideas sobre la naturaleza de la realización. Sus experiencias demuestran que, si bien la riqueza puede brindar comodidad y oportunidades, no es la fuente fundamental de felicidad. La verdadera realización radica en vivir una vida de sabiduría, generosidad y conexión espiritual, priorizando lo que perdura sobre lo que se desvanece. Las enseñanzas de Salomón desafían a las personas a examinar su propia relación con la riqueza y a luchar por una vida que refleje valores eternos en lugar de búsquedas pasajeras.

El peligro del exceso: lecciones de la caída de Salomón

Salomón, aunque bendecido con una sabiduría incomparable y una inmensa riqueza, experimentó una caída derivada de su incapacidad para mantener el equilibrio en su vida. Su historia sirve como advertencia sobre los peligros del exceso y ofrece lecciones valiosas para las personas de hoy. Al examinar las consecuencias de sus deseos desenfrenados de riqueza, poder y relaciones, podemos comprender mejor la importancia de la moderación, la responsabilidad y el enfoque espiritual.

Uno de los aspectos más sorprendentes del reinado de Salomón fue la magnitud de su riqueza y éxito material. Construyó un palacio magnífico, acumuló una flota de barcos y trajo tesoros incalculables a Jerusalén. Sin embargo, su búsqueda de riqueza finalmente cruzó la línea de la prosperidad al exceso. La Biblia registra que impuso fuertes impuestos y trabajos forzados a su pueblo para financiar sus proyectos extravagantes. Estas acciones provocaron malestar entre los israelitas y prepararon el escenario para la división del reino después de su muerte. La experiencia de Salomón enseña que centrarse excesivamente en las ganancias materiales puede dañar las relaciones y crear resentimiento, tanto personal como social.

La acumulación de riqueza de Salomón también lo distrajo de los principios de mayordomía y humildad. Si bien sus riquezas fueron inicialmente vistas como una bendición de Dios, su dependencia de ellas se convirtió en una fuente de vulnerabilidad espiritual. La búsqueda del exceso de riqueza lo alejó de los valores de contentamiento y dependencia de Dios, reemplazándolos por el orgullo y la autosuficiencia. Esto sirve como recordatorio de que la riqueza, cuando no está atenuada por la gratitud y la humildad, puede erosionar la base moral y la conexión con lo divino.

Otra área donde los excesos de Salomón son evidentes es en su búsqueda de poder e influencia. Forjó alianzas con muchas naciones extranjeras, a menudo a través del matrimonio. Si bien estas alianzas ampliaron el alcance político de Israel, también introdujeron desafíos que comprometieron la identidad espiritual de la nación. La decisión de Salomón de casarse con cientos de esposas y conservar numerosas concubinas no fue simplemente una elección personal sino una estrategia política. Sin embargo, este enfoque tuvo consecuencias importantes. Muchas de sus esposas adoraban a dioses extranjeros y Salomón finalmente permitió que sus prácticas se infiltraran en Israel. Incluso construyó altares para sus deidades, lo que llevó a una idolatría generalizada.

Este compromiso espiritual marcó un punto de inflexión en el reinado de Salomón y sirve como una cruda advertencia sobre los peligros de priorizar el poder mundano sobre la fidelidad a Dios. Sus acciones socavaron la relación de pacto entre Dios e Israel, lo que llevó al juicio divino y al eventual declive de su reino. La historia de Salomón ilustra que la búsqueda del poder sin responsabilidad puede resultar en decadencia moral y pérdida de integridad espiritual.

Las relaciones de Salomón también revelan la naturaleza destructiva del exceso. Sus numerosos matrimonios, aunque políticamente ventajosos, carecían de la profundidad emocional y el respeto mutuo que forman la base de unas relaciones sanas. Al difundir su afecto entre tantas parejas, diluyó la intimidad y la confianza que requiere una relación comprometida. Este aspecto de su vida resalta la importancia de valorar la calidad sobre la cantidad en las conexiones personales. Las relaciones significativas prosperan gracias al amor, el respeto y los valores compartidos, todos los cuales son difíciles de mantener cuando el exceso los agota.

Además, las relaciones de Salomón lo distrajeron de sus responsabilidades como líder y guía espiritual. Su enfoque dividido contribuyó a su descuido de los mandamientos de Dios, que advertían explícitamente contra el matrimonio con esposas extranjeras que pudieran descarriarlo. Este desprecio por la guía divina subraya la importancia de alinear las decisiones con principios éticos y espirituales. La caída de Salomón enseña que las relaciones, por muy ventajosas que parezcan, no deben comprometer los valores ni conducir a la desobediencia espiritual.

Otra lección fundamental de los excesos de Salomón es el impacto de los deseos desenfrenados en el bienestar personal. A pesar de su sabiduría, Salomón permitió que su búsqueda del placer eclipsara su búsqueda de un propósito. Sus reflexiones en Eclesiastés revelan un profundo sentimiento de insatisfacción, incluso después de haber alcanzado un éxito sin precedentes. Lamenta que todos sus esfuerzos por encontrar la plenitud a través de la riqueza, el placer y los logros hayan sido, en última instancia, "sin sentido, una persecución tras el viento". Esta idea enfatiza que la verdadera satisfacción no proviene de permitirse el exceso sino de vivir una vida basada en el propósito y la conexión espiritual.

La historia de Salomón también subraya la importancia de establecer límites y practicar la autodisciplina. Su incapacidad para moderar sus deseos de riqueza, poder y relaciones lo llevó a una pérdida de concentración y claridad espiritual. Esta falta de moderación sirve como recordatorio de que la ambición desenfrenada puede tener consecuencias de gran alcance, tanto personalmente como para quienes están bajo su influencia. Al priorizar el equilibrio y el autocontrol, las personas pueden evitar los peligros que conllevan actividades excesivas.

Una conclusión clave de la caída de Salomón es la necesidad de responsabilidad y humildad. A pesar de su sabiduría, no buscó consejo ni reconoció sus vulnerabilidades, lo que lo llevó a tomar decisiones que lo perjudicaron tanto a él como a su reino. Esto resalta la importancia de rodearse de asesores confiables y estar abierto a la corrección. La humildad permite a las personas reconocer sus limitaciones y buscar orientación, evitando el tipo de arrogancia que contribuyó al declive de Salomón.

Al reflexionar sobre la vida de Salomón, queda claro que la búsqueda del exceso, ya sea en riqueza, poder o relaciones, en última instancia conduce al vacío y la desconexión. Su historia anima a las personas a centrarse en lo que realmente importa: cultivar una relación sólida con Dios, vivir con integridad y buscar el equilibrio en todas las áreas de la vida. Al aprender de los errores de Salomón, podemos esforzarnos por llevar una vida que no sólo sea exitosa sino también significativa y espiritualmente satisfactoria.

Las experiencias de Salomón nos recuerdan que la sabiduría no consiste sólo en tomar las decisiones correctas sino también en evitar las equivocadas. Su caída ilustra que incluso los más sabios entre nosotros pueden flaquear cuando son consumidos por el exceso. Al priorizar la moderación, la responsabilidad y el crecimiento espiritual, podemos construir vidas que reflejen los valores perdurables de la humildad, la mayordomía y el propósito. La vida de Salomón sirve tanto de inspiración como de advertencia, instándonos a usar nuestros dones sabiamente y a buscar satisfacción en las cosas que realmente perduran.

Redefiniendo la realización a través de las riquezas espirituales

La vida de Salomón es una profunda lección sobre la búsqueda de la verdadera realización. Aunque tuvo acceso a riquezas materiales, poder y fama increíbles, sus reflexiones en la Biblia enfatizan que el verdadero contentamiento no se puede encontrar en las posesiones mundanas. Los escritos de Salomón, particularmente en Eclesiastés, nos guían hacia la búsqueda de riquezas espirituales que ofrezcan satisfacción duradera en lugar de satisfacción pasajera.

A lo largo de su reinado, Salomón amasó inmensas riquezas y construyó magníficas obras, incluido el Templo de Jerusalén, su palacio y muchos otros proyectos. Su tesoro rebosaba de oro, plata y piedras preciosas. Sin embargo, a pesar de sus logros y abundancia, Salomón reconoció las limitaciones de las posesiones materiales. En Eclesiastés, expresó con franqueza que la riqueza, cuando se busca por sí misma, en última instancia no tiene sentido. Declaró que no importa cuánto acumule una persona, los bienes materiales no pueden satisfacer los anhelos más profundos del alma humana.

Esta comprensión llevó a Salomón a enfatizar la importancia de las riquezas espirituales. Estos son tesoros que van más allá de lo que se puede medir en dinero o posesiones e incluyen cualidades como sabiduría, paz, amor y una relación cercana con Dios. Salomón entendió que la riqueza material es temporal y puede perderse o destruirse fácilmente, mientras que las riquezas espirituales perduran para siempre. Esta perspectiva nos invita a considerar dónde ubicamos nuestros valores y prioridades.

Una de las enseñanzas clave de Salomón sobre este tema se encuentra en Proverbios, donde resalta repetidamente el valor de la sabiduría y la comprensión. Describe la sabiduría como más preciosa que los rubíes y declara que nada de lo que uno desea se puede comparar con ella. El énfasis de Salomón en la sabiduría demuestra que las riquezas espirituales provienen de cultivar la mente y el corazón en alineación con los principios de Dios. La sabiduría equipa a las personas para afrontar los desafíos de la vida con gracia, tomar decisiones acertadas y construir relaciones basadas en la confianza y el respeto.

Salomón también reconoció que la verdadera realización proviene de temer al Señor y vivir una vida de rectitud. El temor de Jehová, en los escritos de Salomón, no se refiere a tener miedo sino a tener una profunda reverencia y respeto por Dios. Esta reverencia inspira obediencia a Sus mandamientos y confianza en Su guía. Salomón observó que quienes viven en armonía con la voluntad de Dios experimentan una paz que sobrepasa el entendimiento, una paz que ninguna cantidad de dinero puede comprar.

Otro aspecto importante de las riquezas espirituales es el contentamiento. Salomón reflexionó sobre la inutilidad de luchar siempre por más. Señaló que perseguir posesiones materiales a menudo conduce a la frustración y el agotamiento, ya que los deseos humanos no tienen fin. Por el contrario, el contentamiento le permite a una persona apreciar lo que ya tiene y encontrar alegría en bendiciones simples. Los escritos de Salomón nos animan a centrarnos en la gratitud, reconociendo que todo lo que tenemos es un regalo de Dios.

Salomón también advirtió contra los peligros de confiar demasiado en la riqueza. Observó que las riquezas pueden conducir fácilmente al orgullo, al egoísmo y a una falsa sensación de seguridad. Señaló que la riqueza no puede prevenir la enfermedad, el dolor o la muerte. En cambio, aconsejó buscar el tipo de riquezas que aportan valor eterno, como la bondad, la humildad y la fidelidad. Estas cualidades enriquecen no sólo al individuo sino también a quienes lo rodean, creando un efecto dominó de bondad y amor.

En Eclesiastés, Salomón exploró el significado de la vida y concluyó que la realización proviene de vivir con un propósito y alinear las acciones con la voluntad de Dios. Enseñó que la búsqueda de riqueza material sin un propósito superior es como perseguir el viento. La verdadera alegría y satisfacción se encuentran en el trabajo significativo, las relaciones amorosas y el servicio a los demás. Estas actividades reflejan riquezas espirituales que brindan una felicidad profunda y duradera.

Salomón también enfatizó la importancia de buscar a Dios por encima de todo. Entendió que el corazón humano está inquieto hasta encontrar su hogar en Dios. En Proverbios, aconseja confiar en el Señor con todo el corazón y no confiar en la propia prudencia. Al reconocer a Dios en todos nuestros caminos, Salomón prometió que Él dirigirá nuestros caminos. Esta dependencia de Dios asegura que nuestras vidas estén arraigadas en riquezas espirituales que nos guían tanto a través de las pruebas como de los triunfos.

Las enseñanzas de Salomón nos invitan a redefinir el éxito y la realización. En un mundo que a menudo equipara el éxito con la riqueza, las posesiones y el estatus, Salomón nos recuerda que estas cosas son pasajeras. En cambio, nos desafía a medir nuestras vidas por la riqueza de nuestro carácter, la profundidad de nuestras relaciones y nuestra cercanía a Dios. Las riquezas espirituales proporcionan una base de gozo, paz y esperanza que las incertidumbres de la vida no pueden sacudir.

Las reflexiones de Salomón también alientan la generosidad. Reconoció que acumular riqueza conduce al vacío, mientras que compartir con los demás trae alegría y plenitud. Al dar gratuitamente a los necesitados, reflejamos el amor de Dios y participamos en la construcción de una comunidad donde todos prosperan. Este acto de generosidad es en sí mismo una forma de riqueza espiritual, ya que alimenta la compasión y la gratitud.

La propia vida de Salomón sirve como un poderoso testimonio de la diferencia entre las riquezas materiales y espirituales. A pesar de su inmensa riqueza y logros, finalmente reconoció que la vida sin Dios está vacía. Su conclusión en Eclesiastés es a la vez profunda y simple: teme a Dios y guarda sus mandamientos, porque este es el deber total del hombre. Esta declaración resume el corazón de las enseñanzas de Salomón, instándonos a priorizar nuestra relación con Dios por encima de todo.

Las lecciones de la vida y los escritos de Salomón nos desafían a examinar nuestras propias prioridades. ¿Estamos persiguiendo el éxito material a expensas de nuestro bienestar espiritual? ¿Estamos invirtiendo en las cosas que realmente importan, como nuestra relación con Dios, nuestra familia y nuestra comunidad? La sabiduría de Salomón ofrece una hoja de ruta para encontrar una plenitud que trascienda los placeres temporales de este mundo.

Al final, el legado de Salomón no se define por su riqueza o poder sino por las verdades espirituales que compartió. Sus escritos continúan inspirando a generaciones a buscar la plenitud en los tesoros del corazón y del alma. Al abrazar las enseñanzas de Salomón, podemos vivir vidas ricas en significado, basadas en la fe y rebosantes del gozo que proviene de caminar con Dios.

CAPÍTULO 5

Relaciones y conexiones humanas

Sabiduría para construir relaciones saludables

La sabiduría de Salomón, registrada en Proverbios, ofrece una valiosa guía para construir y mantener relaciones saludables. Entendió que las relaciones son la base de una vida significativa, ya sea en la familia, la amistad o la comunidad en general. Sus enseñanzas enfatizan valores como el amor, la bondad, la confianza, la humildad y el perdón, que son esenciales para fomentar las conexiones con los demás.

Uno de los consejos clave de Salomón sobre las relaciones es valorar la honestidad y la integridad. Señaló que la honestidad fortalece la confianza, que es la piedra angular de cualquier relación sana. Salomón enseñó que la mentira o el engaño pueden destruir rápidamente la confianza y provocar dolor y división. Por ejemplo, afirmó que los labios veraces duran para siempre, pero la lengua mentirosa dura sólo un momento. Esto resalta la importancia de ser sinceros en nuestras palabras y acciones, ya que la verdad construye vínculos duraderos.

Otro principio que Salomón enfatizó es el poder del habla amable y gentil. Explicó que una respuesta suave quita la ira, pero las palabras duras despiertan la ira. Esto nos enseña la importancia de usar nuestras palabras con cuidado, especialmente en momentos de conflicto. La bondad en el habla puede calmar la tensión, promover la comprensión y crear un ambiente donde las relaciones puedan florecer. Salomón también observó que las palabras agradables son como un panal de miel, dulces para el alma y curativas para los huesos, recordándonos que las palabras tienen el poder de elevar y sanar.

Salomón también alentó la paciencia y el autocontrol al tratar con los demás. Reconoció que cada persona tiene sus defectos y debilidades, y las relaciones requieren gracia y comprensión. Por ejemplo, dijo que es para la gloria de uno pasar por alto una ofensa. Esto nos enseña a no guardar rencores ni insistir en pequeños errores, sino a centrarnos en el panorama más amplio de mantener la armonía y la paz. Al practicar la paciencia, demostramos madurez y amor, que son vitales para mantener relaciones saludables.

Otra enseñanza de Salomón es la importancia de elegir sabiamente a los amigos. Advirtió que la compañía que mantenemos puede influir mucho en nuestro carácter y decisiones. Escribió que quien anda con sabios se vuelve sabio, pero el que se junta con necios sufre daño. Este consejo nos recuerda que debemos rodearnos de personas que nos inspiren a crecer, nos animen a tomar buenas decisiones y nos apoyen en momentos de necesidad.

Se construyen relaciones saludables con quienes comparten valores y aspiraciones similares.

Salomón también enfatizó el valor de la lealtad y la fidelidad. Describió a un amigo que ama en todo momento y un hermano nacido para la adversidad. Esto significa que los verdaderos amigos y familiares se apoyan unos a otros tanto en los momentos buenos como en los difíciles. La lealtad crea una sensación de seguridad y confianza, que son esenciales para cualquier relación sólida. La sabiduría de Salomón nos anima a ser confiables y dignos de confianza para que otros puedan contar con nosotros cuando más importa.

La humildad es otra virtud que Salomón destacó en las relaciones. El orgullo y la arrogancia pueden generar conflicto y división, mientras que la humildad fomenta la comprensión y la reconciliación. Salomón observó que el orgullo trae vergüenza, pero con la humildad viene la sabiduría. Ser humilde significa estar dispuesto a admitir errores, escuchar a los demás y priorizar las necesidades de la relación sobre el ego personal. Esta actitud ayuda a tender puentes y fortalecer vínculos entre las personas.

Salomón también habló sobre el valor de la generosidad y el compartir. Señaló que una persona generosa prosperará y que quien refresca a otros será refrescado. Esto significa que los actos de bondad, ya sea a través de palabras, tiempo o recursos, pueden profundizar las relaciones y crear un sentido de cuidado mutuo. La generosidad refleja un corazón abierto y la voluntad de invertir en los demás, lo que conduce a conexiones más fuertes y significativas.

El perdón es otro tema clave en el consejo de Salomón sobre las relaciones. Entendió que los conflictos y los malentendidos son inevitables, pero aferrarse al resentimiento sólo daña la relación y a las personas involucradas. Enseñó que el amor cubre todas las ofensas, lo que significa que un corazón amoroso está dispuesto a perdonar y seguir adelante. El perdón cura heridas y restaura las relaciones, permitiéndoles fortalecerse aún más.

Salomón también destacó la importancia de buscar consejo y aprender de los demás. Señaló que los planes fracasan por falta de asesores pero tienen éxito con muchos asesores. Este principio se aplica también a las relaciones, ya que buscar el consejo de personas sabias y experimentadas puede ayudarnos a afrontar los desafíos y mejorar nuestras conexiones con los demás. Estar abierto al aprendizaje y al crecimiento es un signo de humildad y un deseo de construir mejores relaciones.

El respeto es otro componente esencial de las relaciones saludables que enfatizó Salomón. Enseñó que honrar a los demás conduce a la armonía y al aprecio mutuo. Por ejemplo, en las relaciones familiares, aconsejaba a los niños honrar a sus padres, reconociendo el valor del respeto dentro del hogar. El respeto implica escuchar, valorar las opiniones de los demás y tratar a todos con dignidad, independientemente de su estatus o función.

Salomón también aconsejó evitar conflictos innecesarios y promover la paz. Dijo que es mejor vivir en paz y tranquilidad que en una casa llena de conflictos. Esto nos enseña a priorizar la armonía por encima de ganar argumentos o demostrar un punto. Resolver los desacuerdos con comprensión y deseo de unidad puede evitar daños a largo plazo en las relaciones.

En las relaciones románticas, Salomón ofreció ideas sobre el amor y el compromiso. Escribió extensamente sobre la belleza de un matrimonio fiel y amoroso en el Cantar de los Cantares. Destacó la importancia del respeto mutuo, la admiración y la dedicación entre los cónyuges. Una relación construida sobre estos principios crea un vínculo fuerte y duradero que puede superar los desafíos de la vida.

La sabiduría de Salomón es eterna y proporciona una hoja de ruta para construir relaciones saludables en cualquier época. Al practicar la honestidad, la bondad, la paciencia, la lealtad, la humildad, la generosidad, el perdón, el respeto y el compromiso con la paz, podemos cultivar conexiones que traen alegría, apoyo y satisfacción a nuestras vidas. Estos principios nos ayudan a crecer como individuos mientras fortalecen los vínculos que nos unen con los demás.

Las lecciones de Salomón sobre el amor, la familia y el compañerismo

La sabiduría de Salomón abarca conocimientos profundos sobre el amor, el matrimonio y la familia. Sus enseñanzas están arraigadas en sus experiencias, observaciones y comprensión divina, y ofrecen tanto orientación positiva como advertencias importantes. Las lecciones de

Salomón, particularmente en Proverbios, Eclesiastés y Cantares de Salomón, revelan la importancia de valorar las relaciones y al mismo tiempo mantener el equilibrio y las prioridades.

Una de las enseñanzas clave de Salomón sobre el amor es el valor del compromiso y la lealtad. Enfatizó que el amor dentro del matrimonio es un vínculo profundo que requiere dedicación y fidelidad. En el Cantar de los Cantares, describió la belleza del amor como algo fuerte y duradero, como una llama inextinguible. Salomón veía el amor como un regalo de Dios, algo que debía atesorarse y cultivarse con cuidado y respeto. Retrató el amor no sólo como una emoción sino como una conexión decidida que debe protegerse del daño.

Salomón también habló de las bendiciones de un matrimonio amoroso y pacífico. Enseñó que encontrar una pareja virtuosa y amable trae gozo y el favor de Dios. Un buen cónyuge, según Salomón, es más valioso que la riqueza material. Reconoció la armonía y el apoyo que brinda un matrimonio fuerte, creando una base para el crecimiento y la estabilidad personal. En Proverbios, señaló que el hombre que encuentra esposa encuentra algo bueno y obtiene el favor del Señor. Esto refleja la alegría y la plenitud que se obtienen al construir una vida juntos basada en el respeto y el amor mutuos.

Si bien Salomón destacó los aspectos positivos del matrimonio, también advirtió contra sus posibles peligros. Observó los desafíos que surgen cuando hay conflicto o falta de entendimiento entre los cónyuges. Describió las relaciones conflictivas como agotadoras y desagradables, y enfatizó la necesidad de paciencia, amabilidad y comunicación. Estas advertencias sirven como recordatorio de que el amor y el matrimonio requieren esfuerzo y voluntad para superar las dificultades con gracia y comprensión.

Salomón puso un fuerte énfasis en la importancia de la familia. Creía que los padres tienen la responsabilidad de guiar a sus hijos con sabiduría y disciplina. A menudo escribía sobre el valor de enseñar a los niños el camino correcto, señalando que entrenar a un niño en el camino que debe seguir garantiza que no se desvíe de él a medida que crezca. Salomón vio la familia como un lugar donde los valores, la fe y el conocimiento se transmiten de padres a hijos, formando la base de una vida estable y significativa.

La disciplina, según Solomon, es un aspecto esencial de la crianza de los hijos. Enseñó que corregir y guiar a los niños con amor les ayuda a desarrollar un buen carácter y a tomar decisiones sabias. Sin embargo, su consejo también enfatiza el equilibrio, ya que la disciplina debe ir acompañada de aliento y amor. Salomón creía que cultivar una relación sólida entre padres e hijos implica ser un ejemplo de integridad, humildad y compasión.

Salomón también valoraba el compañerismo dentro de la familia y la comunidad. Reconoció que los humanos fueron creados para la conexión y que el aislamiento puede generar dificultades. Enseñó que dos son mejores que uno porque pueden apoyarse y animarse mutuamente, especialmente en tiempos difíciles. Este principio se extiende más allá del matrimonio para incluir amistades y vínculos familiares, destacando la importancia de construir vínculos fuertes con quienes nos rodean.

En sus reflexiones, Salomón reconoció los peligros de tener prioridades fuera de lugar en las relaciones. Su propia vida sirve como ejemplo de esta advertencia. A pesar de su sabiduría, Salomón permitió que sus numerosos matrimonios y relaciones lo alejaran de los mandamientos de Dios. Sus alianzas con esposas extranjeras, que traían sus propios dioses y prácticas, hicieron que se desviara de su fe y provocaron la decadencia espiritual de su reino. Esto sirve como advertencia sobre las consecuencias de descuidar los principios espirituales en pos de los deseos mundanos.

Las experiencias de Salomón también revelan el vacío de buscar el amor o el compañerismo únicamente para la gratificación personal. En Eclesiastés, reflexionó sobre cómo esas actividades, cuando están desconectadas de Dios, en última instancia conducen a la insatisfacción. Reconoció que la verdadera satisfacción en las relaciones proviene de honrar a Dios y buscar Su guía para construir conexiones significativas.

Otro aspecto importante de las enseñanzas de Salomón es el papel del perdón en las relaciones. Entendió que el amor cubre las ofensas y que aferrarse a la ira o al rencor puede dañar las relaciones. Su sabiduría nos enseña que perdonar a los demás, ya sea dentro del matrimonio o en la familia, es esencial para sanar y mantener vínculos fuertes. El perdón fomenta la confianza y permite que las relaciones se profundicen con el tiempo.

Salomón también enfatizó la importancia de la confianza y la fidelidad en el matrimonio. Advirtió contra la infidelidad, advirtiendo que destruye la confianza y la intimidad que son vitales para una relación sana. En Proverbios, describió las consecuencias de la infidelidad como resultado del dolor y el arrepentimiento, subrayando la necesidad de honrar los compromisos y permanecer leal al cónyuge. Las advertencias de Salomón sirven como recordatorio para protegerse contra la tentación y priorizar la santidad del matrimonio.

En sus enseñanzas, Salomón destacó la importancia del respeto mutuo y la comprensión en las relaciones. Creía que un matrimonio y una vida familiar exitosos requieren escucharse unos a otros y valorar la perspectiva de cada persona. Este principio fomenta la comunicación abierta y fomenta un sentido de unidad y cooperación dentro del hogar. La sabiduría de Salomón nos recuerda que el amor se fortalece cuando tiene sus raíces en el cuidado y el respeto mutuos.

Si bien Salomón reconoció las alegrías del amor y la familia, también reconoció los desafíos que traen consigo. Enseñó que las relaciones requieren humildad, paciencia y voluntad de priorizar las necesidades de los demás. Su sabiduría nos anima a abordar las relaciones con una actitud de corazón de servicio, buscando dar en lugar de simplemente recibir. Esta perspectiva ayuda a construir conexiones más fuertes y duraderas.

Las enseñanzas de Salomón sobre el amor, el matrimonio y la familia ofrecen una guía eterna para navegar las complejidades de las relaciones humanas. Nos recuerda la importancia del compromiso, la confianza y el perdón, al tiempo que advierte contra los peligros de la negligencia y las prioridades fuera de lugar. Al valorar el amor como un regalo de Dios y abordar las relaciones con humildad y sabiduría, podemos cultivar conexiones que traen alegría, estabilidad y crecimiento espiritual. Las ideas de Salomón nos alientan a apreciar a las personas en nuestras vidas y a construir relaciones que reflejen el amor y la gracia de Dios.

Navegando el conflicto con sabiduría y gracia

La sabiduría de Salomón brinda lecciones valiosas para resolver conflictos con comprensión y gracia. Sus enseñanzas, particularmente las de Proverbios y Eclesiastés, enfatizan la importancia de la comunicación, la paciencia, la humildad y un deseo genuino de buscar la paz. Estos principios son tan relevantes hoy como lo fueron en su época y ofrecen herramientas prácticas para resolver disputas de una manera que fortalece las relaciones y fomenta la armonía.

Una de las enseñanzas clave de Salomón sobre la resolución de conflictos es el valor de la comunicación tranquila y reflexiva. Enseñó que una respuesta amable puede calmar la ira, mientras que las palabras duras sólo intensifican las disputas. Cuando las emociones son intensas, responder con calma en lugar de reaccionar impulsivamente ayuda a reducir las tensiones. Este enfoque anima a otros a escuchar y fomenta un entorno donde la comprensión puede arraigarse.

Salomón también enfatizó la importancia de escuchar para resolver desacuerdos. Aconsejó buscar comprender antes de ser comprendido, destacando que una persona sabia escucha atentamente a los demás antes de dar una respuesta. Al escuchar verdaderamente la perspectiva de la otra persona, mostramos respeto y demostramos nuestra voluntad de trabajar para encontrar una solución. Escuchar ayuda a descubrir la raíz del conflicto, lo que facilita abordar las cuestiones subyacentes en lugar de solo los desacuerdos superficiales.

Otro principio que enseñó Salomón fue el valor de la humildad en la resolución de conflictos. El orgullo y la terquedad a menudo alimentan las discusiones, lo que dificulta encontrar puntos en común. Salomón advirtió que el orgullo conduce a la destrucción, mientras que la humildad fomenta la paz. Abordar los conflictos con la voluntad de admitir errores y buscar la reconciliación ayuda a generar confianza y abre la puerta a un diálogo significativo.

La paciencia es otra piedra angular de la sabiduría de Salomón sobre los conflictos. Reconoció que la ira y la impaciencia a menudo conducen a palabras y decisiones apresuradas que pueden empeorar las disputas. Salomón aconsejó ser lento para enojarse y ejercer dominio propio, señalando que una persona paciente puede superar grandes desafíos. Practicar la paciencia permite que las emociones se calmen, creando espacio para la resolución constructiva de problemas en lugar de discusiones acaloradas.

Salomón también habló sobre la importancia de buscar la sabiduría de los demás al afrontar conflictos. Animó a las personas a buscar el consejo de amigos o mentores de confianza que puedan brindar una perspectiva objetiva. Consultar a otros puede ayudar a aclarar malentendidos y ofrecer nuevos conocimientos para resolver disputas. Los consejos sabios pueden guiarnos hacia soluciones que tal vez no hubiéramos considerado por nuestra cuenta.

El perdón es un tema central en las enseñanzas de Salomón sobre el conflicto. Enseñó que el amor cubre todas las ofensas y que aferrarse a la ira o al rencor sólo profundiza las divisiones. Perdonar a los demás, incluso cuando parezca difícil, es esencial para sanar y restaurar las relaciones. La sabiduría de Salomón nos recuerda que el perdón no consiste en excusar una conducta dañina, sino en liberarnos a nosotros mismos y a los demás de la carga del resentimiento.

Salomón también destacó la importancia de evitar conflictos innecesarios. Aconsejó no provocar conflictos y advirtió sobre los peligros de los chismes y las palabras duras, que pueden crear divisiones. Sus enseñanzas nos alientan a pensar antes de hablar y a elegir palabras que edifiquen en lugar de derribar. Al promover la paz y evitar discusiones innecesarias, podemos concentrar nuestra energía en resolver disputas significativas con gracia.

En situaciones donde los conflictos no se pueden resolver rápidamente, la sabiduría de Salomón fomenta la perseverancia y una perspectiva a largo plazo. Reconoció que algunas cuestiones requieren tiempo para resolverse y que la búsqueda de la paz es un esfuerzo continuo. Sus enseñanzas nos recuerdan que el objetivo de la resolución de conflictos no es "ganar" sino restaurar la armonía y fortalecer las relaciones.

Salomón también enfatizó la importancia de la equidad y la justicia en la resolución de disputas. Creía en tratar a los demás con equidad y garantizar que las soluciones sean equilibradas y consideradas con todos los involucrados. Su famoso fallo en el caso de dos mujeres que reclamaban el mismo bebé demuestra su capacidad para abordar los conflictos con sabiduría e imparcialidad. Su ejemplo nos enseña a buscar soluciones justas y compasivas, asegurando que todas las partes se sientan escuchadas y respetadas.

Otra lección de Salomón es el valor de la autorreflexión durante los conflictos. Enseñó que examinar nuestras propias acciones y actitudes puede ayudarnos a comprender nuestro papel en la disputa e identificar áreas de mejora. Al asumir la responsabilidad de nuestro comportamiento y esforzarnos por cambiar para mejorar, podemos contribuir a resolver los conflictos de manera más eficaz.

La sabiduría de Salomón también nos anima a considerar el panorama más amplio durante los desacuerdos. Recordó a la gente que la vida es fugaz y que centrarse en pequeñas disputas puede

distraer la atención de lo que realmente importa.
Sus enseñanzas nos instan a priorizar la paz y
valorar las relaciones por encima de las
frustraciones o malentendidos temporales. Si
mantenemos nuestro enfoque en lo que es más
importante, podemos abordar los conflictos con un
mayor sentido de perspectiva y propósito.

El consejo de Salomón también se extiende a
fomentar una actitud de bondad y empatía, incluso
en situaciones difíciles. Enseñó que un corazón
bondadoso y comprensivo puede suavizar los
conflictos más difíciles, creando oportunidades para
la reconciliación. Al abordar las disputas con
compasión, podemos construir puentes en lugar de
muros, lo que facilitará la resolución de las
diferencias.

Las enseñanzas de Salomón nos recuerdan que
debemos buscar la guía divina para resolver
conflictos. Creía que la verdadera sabiduría
proviene de Dios y que confiar en Su guía puede

ayudarnos a superar incluso las disputas más difíciles. Orar por sabiduría, paciencia y comprensión puede traer claridad y paz a situaciones de conflicto, permitiéndonos actuar con gracia y sabiduría.

Las lecciones de Salomón sobre la resolución de conflictos son eternas y ofrecen estrategias prácticas para abordar los desacuerdos con comprensión y gracia. Su énfasis en la comunicación tranquila, la paciencia, la humildad y el perdón proporciona una base sólida para resolver conflictos de una manera que honre las relaciones y promueva la armonía. Al aplicar estos principios en nuestra vida diaria, podemos afrontar las disputas con sabiduría y emerger más fuertes, más conectados y en paz con los demás.

CAPÍTULO 6

El camino espiritual hacia la iluminación

Buscar a Dios por encima de todo: la máxima prioridad de Salomón

La verdadera iluminación comienza con un enfoque en construir una relación sólida con Dios. A lo largo de sus escritos, Salomón señaló constantemente que una vida centrada en las actividades mundanas, la riqueza o la sabiduría humana por sí sola no podía conducir a la verdadera realización. En cambio, enfatizó la importancia de buscar a Dios como máxima prioridad, sentando las bases para el crecimiento y la comprensión espiritual.

Reconoció que todos los esfuerzos humanos, por grandiosos o impresionantes que sean, son en última instancia fugaces sin la guía y la presencia de Dios.

Esta comprensión es particularmente evidente en Eclesiastés, donde describe su búsqueda de significado en varios aspectos de la vida. Después de explorar la riqueza, el placer y los logros humanos, llegó a la conclusión de que todo lo que no sea Dios es como perseguir el viento: vacío y sin valor duradero.

Buscar a Dios implica dedicar el corazón y la mente a comprender Su voluntad y seguir Sus enseñanzas. Salomón enseñó que el temor del Señor es el comienzo de la sabiduría, lo que significa que la reverencia y el asombro por Dios son fundamentales para adquirir conocimiento y perspicacia verdaderos. Esta reverencia no implica miedo en el sentido de tener miedo, sino más bien un profundo respeto por el poder, la justicia y el amor de Dios. Es este respeto el que lleva a las personas a alinear sus vidas con Su guía.

Priorizar una relación con Dios requiere esfuerzo e intencionalidad diaria. Salomón entendió las distracciones de la vida y con qué facilidad podían alejar a las personas de su enfoque espiritual. Animó la práctica de la oración, la reflexión y la meditación constantes en la palabra de Dios. Estas prácticas ayudan a las personas a mantenerse conectadas con su Creador, obteniendo fuerza y claridad de Su presencia.

La humildad es otro aspecto clave de la búsqueda de Dios. Reconocer la dependencia de Dios es esencial para el crecimiento espiritual. Salomón advirtió contra el orgullo, que ciega a las personas ante su necesidad de ayuda divina. Enseñó que Dios da gracia a los humildes y se acerca a quienes lo buscan con sinceridad. Al dejar de lado la autosuficiencia y acudir a Dios en busca de guía, las personas abren sus corazones a Su sabiduría y dirección.

Salomón también destacó la importancia de la obediencia a los mandamientos de Dios como una manera de mantener una relación estrecha con Él.

Hizo hincapié en que seguir las instrucciones de Dios no se trata de adherirse rígidamente a reglas sino de vivir de una manera que lo honre y refleje su amor hacia los demás. La obediencia fomenta la confianza y demuestra compromiso con el camino de la rectitud.

A menudo reflexionaba sobre la naturaleza temporal de las posesiones materiales y los logros humanos. Si bien estas cosas pueden brindar satisfacción temporal, no pueden satisfacer la necesidad más profunda de conexión con el Creador. Las reflexiones de Salomón alientan a las personas a centrarse en los valores eternos en lugar de quedar atrapados en la búsqueda de riqueza, estatus o ambición personal. Al mantener a Dios en el centro, las personas pueden experimentar un sentido de propósito y satisfacción que trasciende sus circunstancias.

La fe juega un papel importante al priorizar a Dios. Confiar en Sus planes, incluso cuando no están claros, requiere confianza en Su sabiduría y bondad. Salomón recordó a la gente que los caminos de Dios son más elevados que el entendimiento humano y que Sus planes son siempre lo mejor. Esta confianza permite a las personas renunciar a sus preocupaciones e incertidumbres, sabiendo que Dios tiene el control.

Otro aspecto vital de la búsqueda de Dios es la gratitud. Salomón entendió que todo lo bueno viene de Dios y animó a la gente a reconocer Sus bendiciones con corazones agradecidos. La gratitud cambia el enfoque de lo que falta a lo que se ha proporcionado, fomentando un aprecio más profundo por la generosidad y el cuidado de Dios. Fortalece la relación entre Dios y los individuos al reconocer Su participación continua en sus vidas.

La comunidad también juega un papel esencial en el crecimiento espiritual. Salomón reconoció el valor de rodearse de otras personas que comparten el compromiso de buscar a Dios. El compañerismo brinda aliento, responsabilidad y oportunidades para la adoración colectiva, lo que ayuda a profundizar la conexión con el Creador. Construir relaciones dentro de una comunidad de fe ayuda a las personas a mantenerse firmes y enfocadas en su viaje espiritual.

La vida de Salomón demuestra tanto las recompensas de buscar a Dios como las consecuencias de descuidarlo. Durante los primeros años de su reinado, puso a Dios en el centro, buscando su sabiduría y guía. Esta dedicación trajo paz, prosperidad y éxito a Israel. Sin embargo, más adelante en la vida, cuando Salomón permitió que las distracciones desviaran su corazón, experimentó una sensación de vacío y desconexión de Dios. Sus reflexiones sirven como recordatorio de la importancia de mantener un enfoque constante en Dios durante toda la vida.

El propósito final de priorizar una relación con Dios es experimentar Su presencia y guía. Salomón reconoció que la verdadera iluminación proviene de alinear la vida con la voluntad de Dios, buscar Su sabiduría y vivir en armonía con Sus enseñanzas. Al hacer de Dios el fundamento de todos los aspectos de la vida, las personas pueden encontrar claridad, paz y plenitud que superan todo lo que el mundo puede ofrecer.

Este enfoque de la vida también proporciona un marco para afrontar los desafíos. Cuando surgen dificultades, acudir a Dios en busca de fortaleza y dirección garantiza que las personas no se sientan abrumadas por sus circunstancias. Las enseñanzas de Salomón alientan a las personas a dejar sus cargas en manos de Dios, confiando en que Él se preocupa por ellos y les brindará el apoyo que necesitan. Esta confianza en Dios fomenta la resiliencia y ayuda a las personas a afrontar las incertidumbres de la vida con confianza.

Buscar a Dios por encima de todo trae una sensación de equilibrio y propósito. Ayuda a las

personas a priorizar su tiempo, energía y recursos
de manera que lo honren y beneficien a otros. Este
enfoque también permite a las personas vivir con
integridad, mostrando amor y bondad hacia quienes
los rodean como un reflejo del carácter de Dios. Al
priorizar su relación con Dios, las personas crean
una vida marcada por la alegría, la paz y un
profundo sentido de realización.

El énfasis de Salomón en buscar a Dios como
máxima prioridad es una lección eterna que
continúa resonando hoy. Su sabiduría nos recuerda
que el fundamento de la verdadera iluminación no
reside en los logros o posesiones mundanas, sino en
una relación genuina y sincera con el Creador. A
través de la reverencia, la humildad, la obediencia y
la confianza, las personas pueden acercarse a Dios y
experimentar la riqueza de la vida tal como Él la
diseñó. Este viaje de búsqueda de Dios trae
claridad, propósito y una paz duradera que
trasciende todo lo demás.

La humildad como fundamento de la verdadera sabiduría

La humildad está en el corazón de la verdadera sabiduría, un principio que Salomón enfatizó a lo largo de sus escritos. Entendió que la sabiduría no proviene del orgullo o la confianza en uno mismo, sino de una postura de humildad que reconoce las propias limitaciones y la necesidad de una guía más allá de uno mismo. La humildad permite que una persona sea dócil, abierta a la corrección y dispuesta a aprender de los demás, lo que la convierte en una piedra angular para adquirir conocimiento y perspicacia.

Una de las enseñanzas clave de Salomón sobre la humildad se encuentra en el libro de Proverbios, donde escribió que el temor del Señor es el principio de la sabiduría. Esta declaración conecta la humildad con la reverencia a Dios. Temer al Señor significa respetar y honrar Su autoridad y poder, lo que requiere reconocer que el entendimiento humano es limitado en comparación con la infinita sabiduría de Dios. Un corazón humilde reconoce que el verdadero conocimiento y comprensión provienen de buscar la guía de Dios en lugar de depender únicamente de las habilidades o logros personales.

Salomón comparó la humildad con el orgullo, advirtiendo que el orgullo conduce a la destrucción, mientras que la humildad allana el camino al honor. Observó que una persona orgullosa a menudo se niega a admitir errores, escuchar consejos o aceptar correcciones. Esta terquedad crea barreras al crecimiento y puede conducir a malas decisiones. Por el contrario, una persona humilde está dispuesta a aprender de los fracasos, buscar consejos sabios y crecer a partir de la experiencia. La sabiduría de Salomón enseña que la humildad permite a las personas evitar los peligros de la arrogancia y aprovechar las oportunidades de crecimiento.

Un ejemplo práctico de humildad en la vida de Salomón es su oración pidiendo sabiduría al comienzo de su reinado. Como rey joven, Salomón podría haber confiado en su estatus real o haber intentado demostrar su valía a través de su ambición personal. En cambio, reconoció humildemente su incapacidad para gobernar una nación tan grande y pidió a Dios sabiduría para gobernar con justicia y comprensión. Este acto de humildad no sólo agradó a Dios sino que también marcó el tono del reinado de Salomón, demostrando que la verdadera grandeza comienza con el reconocimiento de la dependencia de uno de Dios.

Salomón también destacó la conexión entre la humildad y escuchar a los demás. Enseñó que el sabio escucha los consejos y busca la comprensión, mientras que el necio rechaza las instrucciones. Este principio es vital para cualquiera que quiera crecer en sabiduría. Al ser lo suficientemente humilde como para considerar diferentes perspectivas y aprender de las experiencias de los demás, una persona obtiene conocimientos que pueden guiar sus acciones y decisiones. La humildad fomenta la colaboración, fortalece las relaciones y promueve el respeto mutuo.

Otra enseñanza importante de Salomón sobre la humildad es la importancia de anteponer a los demás a uno mismo. Escribió que la humildad viene con el honor y que un espíritu amable conduce a la paz. Esta idea está muy relacionada con tratar a los demás con amabilidad y respeto, incluso en situaciones de desacuerdo o conflicto. La humildad permite a una persona valorar las contribuciones de los demás, aceptar las diferencias y mantener la armonía. Refleja un carácter que prioriza el amor y la comprensión por encima de la ambición egoísta o el deseo de demostrar que tiene razón.

La humildad también juega un papel crucial para evitar las trampas de la codicia y el materialismo. Salomón observó que la riqueza obtenida por medios deshonestos o por un orgullo excesivo conduce al vacío y la destrucción. Aconsejó que es mejor vivir modestamente con humildad que perseguir riquezas a expensas de la integridad. Una perspectiva humilde sobre las posesiones materiales ayuda a las personas a centrarse en lo que realmente importa, como las relaciones, el carácter y el crecimiento espiritual, en lugar de dejarse consumir por la búsqueda de riqueza o estatus.

Una de las lecciones más memorables de Salomón sobre la humildad se encuentra en la historia de dos mujeres que acudieron a él con una disputa por un niño. Su sabio juicio al resolver el caso demostró no sólo su inteligencia sino también su capacidad para discernir la verdad con compasión y justicia. La humildad jugó un papel en esta decisión porque Salomón buscó hacer justicia en lugar de afirmar su autoridad para beneficio personal. Su enfoque en hacer lo correcto en lugar de buscar elogios sirve como ejemplo de cómo la humildad guía un liderazgo sabio.

Además de sus beneficios personales, la humildad tiene un profundo impacto en las relaciones y las comunidades. Salomón enseñó que la humildad trae paz, reduce los conflictos y fomenta la unidad. Cuando las personas se acercan entre sí con humildad, es más probable que resuelvan las diferencias con comprensión y empatía. La humildad anima a las personas a escuchar, reconocer sus faltas y buscar la reconciliación. Esta actitud fortalece los vínculos y crea un entorno donde la confianza y la cooperación pueden prosperar.

Salomón también relacionó la humildad con el concepto de que la sabiduría es un viaje de toda la vida. Creía que nadie llega nunca a un punto en el que lo sepa todo. Una persona humilde sigue siendo curiosa, abierta a aprender y dispuesta a admitir que siempre hay más por descubrir. Esta mentalidad evita que las personas se vuelvan complacientes o demasiado confiadas y les permite seguir creciendo en conocimiento y carácter a lo largo de sus vidas.

La humildad no se trata de menospreciarse o faltar confianza. Más bien, se trata de tener una comprensión precisa de las propias fortalezas y debilidades y usarlas al servicio de los demás y de Dios. Las enseñanzas de Salomón nos recuerdan que la humildad es una fortaleza que capacita a las personas para liderar con integridad, construir conexiones significativas y tomar decisiones sabias. Es a través de la humildad que las personas pueden alinearse con la voluntad de Dios, aceptar las lecciones de la vida y experimentar la plenitud de la sabiduría.

El énfasis de Salomón en la humildad también incluye la idea de confiar en los tiempos y planes de Dios. Reconoció que los esfuerzos humanos son limitados y que el verdadero éxito proviene de rendirse a la guía de Dios. La humildad permite a las personas dejar de lado su deseo de controlar cada resultado y confiar en que Dios está obrando para su bien. Esta confianza trae paz y confianza, incluso en circunstancias inciertas.

La importancia de la humildad también se puede ver en cómo Salomón abordó el tema de la justicia y el liderazgo. Enseñó que los líderes deben servir a su pueblo con humildad, reconociendo su papel como mayordomos y no como gobernantes. Un líder humilde prioriza el bienestar de los demás por encima de la ambición personal y toma decisiones basadas en la justicia y la compasión. Este enfoque no sólo gana respeto sino que también fomenta un sentido de confianza y estabilidad dentro de una comunidad.

Los escritos de Salomón muestran que la humildad es esencial para desarrollar un carácter moral fuerte. Al reconocer sus limitaciones, es menos probable que las personas caigan en las trampas de la arrogancia, el egoísmo o la codicia. En cambio, la humildad fomenta virtudes como la paciencia, la bondad y el autocontrol, que son los pilares de una vida sabia y plena.

A través de sus enseñanzas, Salomón destacó que la humildad es una puerta de entrada a la sabiduría, el crecimiento y las relaciones significativas. Permite a las personas afrontar la vida con el corazón abierto y la voluntad de aprender, lo que las prepara mejor para afrontar los desafíos y tomar decisiones acertadas. Al abrazar la humildad, las personas pueden alinearse con los propósitos de Dios, construir conexiones sólidas con los demás y experimentar la riqueza de la vida tal como debe ser vivida.

El papel de la oración y la meditación en el crecimiento espiritual

La oración y la meditación desempeñaron un papel central en la vida espiritual de Salomón. No eran sólo actos de devoción sino también formas de buscar guía, sabiduría y paz en Dios. Salomón entendió que una relación cercana con Dios requería prácticas intencionales que enfocaran el corazón y la mente en las verdades divinas. A través de la oración y la meditación, modeló cómo las personas podían conectarse con Dios, reflexionar sobre Su grandeza y alinear sus vidas con Su voluntad.

Uno de los ejemplos de oración más conocidos de Salomón es la dedicación del templo en Jerusalén. Cuando se completó el templo, Salomón se presentó ante el pueblo y oró, dirigiéndose a Dios con humildad y reverencia. En su oración, reconoció la grandeza de Dios y la fidelidad a sus promesas, pidió perdón y bendiciones para el pueblo y buscó guía divina para el futuro. Esta oración demostró la profundidad de la fe de Salomón y su comprensión de la importancia de volverse a Dios en todas las circunstancias.

A través de este acto, Salomón demostró que la oración no se trata sólo de pedir ayuda sino también de expresar gratitud y adoración. Sus palabras resaltaron que la oración es una forma de honrar a Dios y reconocer su soberanía sobre todas las cosas. Esta lección es relevante para la gente de hoy porque les recuerda que la oración no es sólo una herramienta para resolver problemas sino una forma de nutrir una conexión profunda y personal con Dios.

La meditación también fue un aspecto importante de la práctica espiritual de Salomón. En sus escritos, particularmente en Proverbios y Eclesiastés, animó a otros a reflexionar profundamente sobre la sabiduría, el propósito de la vida y las instrucciones de Dios. La meditación implica hacer una pausa para pensar detenidamente sobre las verdades, permitiéndoles dar forma a nuestros pensamientos y acciones. Salomón creía que dedicar tiempo a meditar en la palabra de Dios ayudaba a las personas a comprender y tomar decisiones sabias.

Para los lectores modernos, la oración y la meditación ofrecen valiosos beneficios que van más allá del crecimiento espiritual. La oración brinda consuelo y una sensación de conexión con algo más grande que uno mismo. Permite a las personas compartir sus cargas, temores y alegrías con Dios, lo que puede brindarles una sensación de paz y tranquilidad. La meditación, por otro lado, ayuda a las personas a enfocar la mente, reducir el estrés y encontrar claridad en medio de las distracciones de la vida.

Combinar oración y meditación puede ser particularmente poderoso. Si bien la oración implica hablar con Dios, la meditación a menudo se centra en escucharlo y reflexionar sobre su palabra. Al equilibrar ambas prácticas, las personas pueden cultivar una relación con Dios que sea a la vez activa y contemplativa. Este equilibrio les permite crecer espiritualmente, desarrollar la autoconciencia y encontrar orientación para sus vidas.

Una lección del enfoque de Salomón sobre la oración es la importancia de la sinceridad y la humildad. No oró con arrogancia ni con privilegios, sino que se acercó a Dios con un corazón humilde, reconociendo su necesidad de sabiduría y misericordia divinas. Esta actitud enseña que la oración no se trata de impresionar a los demás ni de usar palabras elegantes, sino de ser honesto y abierto con Dios. Cuando las personas oran con sinceridad, pueden experimentar una conexión más profunda con Él.

La meditación también requiere intencionalidad y concentración. Los escritos de Salomón alientan a los lectores a meditar en las enseñanzas de Dios y aplicarlas a sus vidas. Por ejemplo, reflexionar sobre Proverbios puede ayudar a las personas a comprender cómo vivir sabiamente, tratar a los demás con amabilidad y tomar decisiones con integridad. La meditación ayuda a llevar estas lecciones de la teoría a la práctica al permitir tiempo para la reflexión y la comprensión.

Para los lectores modernos, reservar tiempo para la oración y la meditación puede ser un desafío en el acelerado mundo de hoy. Sin embargo, la vida de Salomón muestra que vale la pena priorizar estas prácticas. Incluso en medio de sus responsabilidades como rey, hizo tiempo para buscar a Dios y reflexionar sobre Sus verdades. Este ejemplo anima a las personas a crear un espacio en su vida diaria para el crecimiento espiritual, ya sea a través de unos momentos de reflexión tranquila o períodos más largos de oración concentrada.

La oración y la meditación también pueden fortalecer la capacidad de una persona para afrontar desafíos e incertidumbres. Salomón enfrentó muchas decisiones difíciles durante su reinado, pero su confianza en la oración lo ayudó a buscar la guía de Dios y encontrar soluciones. De manera similar, los lectores modernos pueden recurrir a la oración cuando enfrentan luchas personales, buscando consuelo, fortaleza y dirección. La meditación puede complementar esto ayudándoles a encontrar paz y claridad, incluso en medio de las dificultades.

Otro aspecto importante de la vida de oración de Salomón fue la intercesión. En su oración de dedicación del templo, oró no sólo por sí mismo sino también por el pueblo de Israel e incluso por los extranjeros que vendrían a buscar a Dios. Esto enseña el valor de orar por los demás y reconocer las necesidades de la comunidad en general. La oración se convierte en una forma de mostrar amor y compasión por los demás, pidiéndole a Dios que los bendiga y guíe también.

La meditación también fomenta la empatía y la comprensión al animar a las personas a pensar profundamente en las perspectivas y experiencias de los demás. Al reflexionar sobre las enseñanzas de Salomón y tratar de aplicarlas en sus relaciones, los lectores pueden desarrollar mayor paciencia, bondad y humildad. Estas cualidades son esenciales para construir conexiones sólidas con los demás y vivir los valores de la sabiduría y el amor.

El énfasis de Salomón en la oración y la meditación se alinea con la enseñanza bíblica más amplia de que el crecimiento espiritual es un viaje continuo. La oración y la meditación no son actos únicos, sino prácticas diarias que profundizan la relación de una persona con Dios con el tiempo. Ayudan a las personas a mantenerse conectadas con su fe, a permanecer cimentadas en la verdad y a navegar las complejidades de la vida con gracia y sabiduría.

A través de la oración y la meditación, las personas también pueden descubrir su propósito y llamado. Salomón reflexionó sobre el significado de la vida en Eclesiastés y recordó a los lectores que la verdadera realización proviene de vivir en alineación con la voluntad de Dios. La oración proporciona un espacio para buscar orientación y claridad sobre el propósito de uno, mientras que la meditación da tiempo para considerar cómo vivir ese propósito de manera práctica.

La incorporación de la oración y la meditación a la vida diaria puede comenzar con pequeños pasos. Las personas pueden comenzar reservando unos minutos cada día para hablar con Dios, expresar gratitud y buscar su guía. También pueden meditar en un versículo o principio de las Escrituras, permitiendo que su mensaje penetre en sus corazones e influya en sus acciones. Con el tiempo, estas prácticas pueden convertirse en partes naturales y profundamente enriquecedoras de la vida.

El ejemplo de Salomón de incorporar la oración y la meditación a su vida espiritual continúa inspirando y guiando a la gente de hoy. Al priorizar estas prácticas, las personas pueden acercarse a Dios, desarrollar sabiduría y encontrar paz y plenitud en su camino de fe. La oración y la meditación son herramientas eternas que ayudan a las personas a conectarse con Dios, reflexionar sobre Sus verdades y vivir con propósito y gracia.

CAPÍTULO 7

La vanidad de las actividades terrenales

Perspectivas de Eclesiastés: "Todo es vanidad"

Las reflexiones de Salomón en el libro de Eclesiastés proporcionan una visión profunda de la naturaleza fugaz de las actividades terrenales. A lo largo del libro, explora la idea de que mucho de lo que la gente busca en la vida, en última instancia, no tiene sentido si se ve desde una perspectiva puramente terrenal. Al usar la frase "todo es vanidad", Salomón no quiere decir que todo carezca por completo de valor, sino más bien que los esfuerzos terrenales, cuando están desconectados de Dios, conducen al vacío y la insatisfacción.

Una de las observaciones clave de Salomón es que la vida es cíclica y los esfuerzos humanos no alteran los patrones fundamentales de la existencia. Describe cómo las generaciones van y vienen, el sol sale y se pone y los ríos fluyen hacia el mar sin que el mar esté nunca lleno. Estos ciclos naturales ilustran cómo la vida continúa independientemente de los logros individuales. Solomon señala que no importa cuán duro trabaje la gente o lo que logren, sus esfuerzos no cambian los ritmos generales de la vida. Esta comprensión puede resultar humillante, ya que recuerda a las personas su lugar limitado en el gran esquema de la creación.

Salomón también reflexiona sobre la búsqueda del conocimiento y la sabiduría. Como uno de los hombres más sabios de la historia, buscó comprender el mundo profundamente. Sin embargo, concluyó que una gran sabiduría conlleva una gran tristeza. Cuanto más aprendía, más se daba cuenta de cuánto quedaba más allá de la comprensión humana. Esta idea sirve como recordatorio de que, si bien el conocimiento y la educación son valiosos, no pueden satisfacer plenamente el alma ni responder a las preguntas más profundas de la vida. La verdadera sabiduría comienza con la reverencia a Dios y, sin ese fundamento, las actividades intelectuales pueden parecer vacías.

Además de la sabiduría, Salomón examina la búsqueda del placer. Describe cómo se entregaba a muchas formas de disfrute, incluida la buena comida, la música, el entretenimiento y una vida lujosa. Sin embargo, incluso teniendo acceso a todos los placeres del mundo, los encontraba fugaces e insatisfactorios. El placer puede proporcionar felicidad temporal, pero no ofrece satisfacción duradera. La experiencia de Salomón enseña que buscar el gozo únicamente en las cosas materiales o en los deleites momentáneos conduce a la desilusión.

Salomón también aborda la búsqueda de riquezas y posesiones. Como rey, amasó grandes riquezas, construyó magníficas estructuras y disfrutó de una vida de abundancia. A pesar de todo su éxito material, reconoció que la riqueza es impermanente y no puede llevarse más allá de la tumba. Observó que acumular riquezas a menudo genera ansiedad por protegerlas y, en última instancia, la riqueza se transmite a otros que tal vez no la valoren tanto. Esta comprensión subraya la inutilidad de poner la esperanza y la identidad en las posesiones materiales.

Otra área que explora Solomon es la búsqueda de trabajo y logros. Describe cómo las personas trabajan incansablemente para construir carreras, crear legados y obtener reconocimiento. Si bien el trabajo duro puede ser significativo, Solomon advierte contra convertirlo en el único foco de la vida. Lamenta que la gente a menudo trabaje sin cesar, sólo para dejar los frutos de su trabajo a otra persona que no trabajó por ello. Esta idea resalta la importancia de encontrar el equilibrio y recordar que el éxito terrenal es temporal.

A lo largo de Eclesiastés, Salomón vuelve con frecuencia al tema de la muerte como el gran igualador. Independientemente de la riqueza, el estatus o los logros, todos eventualmente enfrentan el mismo destino. Esta realidad obliga a las personas a enfrentar la inutilidad definitiva de las actividades terrenales cuando se las considera aparte de su significado eterno. Las reflexiones de Salomón alientan a pensar más allá de lo temporal y buscar un significado que trascienda los límites de la vida humana.

Si bien las observaciones de Salomón pueden parecer pesimistas, su objetivo es dirigir a la gente hacia una verdad más profunda. Destaca que la vida bajo el sol (la vida vista puramente desde una perspectiva terrenal) está llena de vanidad. Sin embargo, cuando la vida se vive en relación con Dios, adquiere propósito y significado. Salomón señala repetidamente la importancia de temer a Dios y guardar Sus mandamientos como fundamento para una vida plena. Esta reverencia por Dios aporta claridad y perspectiva a todas las demás actividades.

Una de las lecciones prácticas de Eclesiastés es la importancia de la gratitud y el contentamiento. Salomón anima a las personas a disfrutar de las bendiciones sencillas de la vida, como comer, beber y encontrar satisfacción en el trabajo. Estas alegrías cotidianas son regalos de Dios y deben apreciarse con un corazón agradecido. Al centrarse en el presente y reconocer la provisión de Dios, las personas pueden encontrar paz y satisfacción, incluso en medio de las incertidumbres de la vida.

Las reflexiones de Salomón también invitan a los lectores a examinar sus prioridades. Cuando las personas se centran únicamente en acumular riqueza, buscar placer o alcanzar logros, corren el riesgo de perder de vista lo que realmente importa. Eclesiastés llama a las personas a invertir en las relaciones, buscar la justicia y vivir con integridad.

Estos valores se alinean con los propósitos de Dios y brindan alegría y significado duraderos.

Otra lección de Eclesiastés es la importancia de la humildad. El reconocimiento de Salomón de los límites del entendimiento humano y la inevitabilidad de la muerte enseña que las personas deben afrontar la vida con humildad y dependencia de Dios. En lugar de esforzarse por controlar todos los aspectos de la vida, las personas están llamadas a confiar en la soberanía y el plan de Dios. Esta confianza proporciona una sensación de paz y seguridad, incluso cuando las circunstancias están fuera de su control.

Las reflexiones de Salomón también ofrecen esperanza al señalar lo eterno. Si bien las actividades terrenales son temporales, una vida vivida en relación con Dios tiene un significado eterno. Eclesiastés anima a los lectores a pensar más allá del aquí y ahora, considerando cómo sus elecciones y acciones se alinean con los propósitos eternos de Dios. Esta perspectiva ayuda a las personas a centrarse en lo que realmente importa y a encontrar una satisfacción que perdure más allá de los límites de este mundo.

Para los lectores modernos, el mensaje de Salomón sigue siendo muy relevante. En un mundo que a menudo prioriza el éxito material, la gratificación instantánea y los logros personales, Eclesiastés sirve como recordatorio de que estas búsquedas por sí solas no pueden proporcionar una verdadera satisfacción. La sabiduría de Salomón desafía a las personas a buscar un propósito más profundo y a anclar sus vidas en su relación con Dios. Al hacerlo, pueden experimentar el gozo, la paz y el significado que se obtienen al vivir en alineación con el diseño de Dios.

Las reflexiones de Salomón en Eclesiastés revelan la vanidad de las actividades terrenales cuando se las considera aparte de Dios. Sus observaciones sobre la naturaleza fugaz de la riqueza, el placer, el trabajo y la sabiduría recuerdan a los lectores que deben mirar más allá de los logros temporales y buscar la plenitud en lo eterno. A través de sus escritos, Salomón invita a las personas a abrazar la humildad, la gratitud y la reverencia a Dios como las claves para una vida significativa. Su mensaje continúa inspirando y guiando a las personas a priorizar su viaje espiritual y encontrar la verdadera satisfacción en su relación con Dios.

Encontrar significado eterno en la existencia temporal

Salomón, en sus escritos, especialmente en Eclesiastés, brinda una guía profunda sobre cómo encontrar el significado eterno en la vida, incluso reconociendo su naturaleza temporal y fugaz. Sus reflexiones surgen de sus propias experiencias como rey que tuvo acceso a una inmensa sabiduría, riqueza y poder, pero se dio cuenta de que las actividades terrenales por sí solas no podían satisfacer los anhelos más profundos del alma. A través de sus observaciones, Salomón ofrece lecciones eternas sobre cómo vivir una vida que tiene un significado eterno en medio de las realidades temporales de la existencia humana.

Una de las enseñanzas clave de Salomón es el reconocimiento de que la vida es un regalo de Dios. Con frecuencia enfatiza la importancia de reconocer a Dios como Creador y Sustentador de la vida. Esta perspectiva cambia el enfoque de las búsquedas egocéntricas a una forma de vida centrada en Dios. Salomón enseña que al vivir alineados con la voluntad y los propósitos de Dios, las personas pueden trascender la naturaleza temporal de la vida y encontrar valor eterno en sus acciones y elecciones.

Salomón anima a las personas a centrarse en el momento presente y a apreciar las sencillas bendiciones que ofrece la vida. Escribe sobre la importancia de disfrutar la comida, la bebida y el trabajo, y señala que son regalos de Dios que deben saborearse con gratitud. Si bien estos placeres son temporales, pueden estar imbuidos de un significado eterno cuando se reciben con agradecimiento y se ven como oportunidades para glorificar a Dios. Al cultivar un corazón de gratitud, las personas pueden encontrar alegría y satisfacción en el aquí y ahora, manteniendo al mismo tiempo un sentido de propósito que va más allá de lo inmediato.

Otro aspecto importante de la guía de Salomón es la búsqueda de la sabiduría. Él enfatiza que la verdadera sabiduría comienza con el temor del Señor, lo que significa tener una profunda reverencia por Dios y un compromiso con Sus caminos. Si bien el conocimiento y la comprensión humanos son limitados, buscar la sabiduría arraigada en la verdad de Dios conduce a conocimientos eternos. Salomón advierte contra confiar únicamente en la sabiduría mundana, que a menudo puede ser equivocada, y en cambio dirige a los lectores a buscar el tipo de sabiduría que se alinea con los principios eternos de Dios.

Salomón también destaca la importancia de las relaciones para encontrar el significado eterno. Observa que la vida es más satisfactoria cuando se comparte con otros y que el compañerismo brinda apoyo, aliento y alegría. Al invertir en relaciones significativas, como aquellas con familiares, amigos y la comunidad en general, las personas pueden dejar un impacto duradero que va más allá de su vida. Los actos de bondad, amor y servicio a los demás son formas de reflejar el carácter de Dios y contribuir a algo más grande que uno mismo.

Un tema recurrente en los escritos de Salomón es el reconocimiento de la mortalidad humana y la inevitabilidad de la muerte. En lugar de causar desesperación, este descubrimiento sirve como un recordatorio para centrarse en lo que realmente importa. Salomón enseña que la brevedad de la vida debería inspirar a las personas a vivir con intencionalidad y propósito. Alienta a los lectores a considerar cómo sus acciones de hoy resonarán en la eternidad y a priorizar valores como la integridad, la justicia y la compasión.

Salomón también aborda la inutilidad de poner la máxima esperanza en las posesiones, logros o estatus materiales. Explica que estas cosas, aunque a menudo se persiguen con gran esfuerzo, no pueden brindar una satisfacción duradera porque son inherentemente temporales. En cambio, Salomón llama a las personas a buscar tesoros eternos, como una relación con Dios, crecimiento espiritual y contribuciones que se alineen con los propósitos de Dios. Al cambiar su enfoque de la acumulación de riquezas terrenales al cultivo de riquezas espirituales, las personas pueden encontrar un significado duradero.

La oración y la reflexión son parte integral de la guía de Salomón para encontrar el significado eterno. Él modela la importancia de buscar la presencia y la guía de Dios a través de la oración y la meditación. Estas prácticas ayudan a las personas a mantenerse conectadas con Dios, obtener claridad sobre su propósito y encontrar fuerza para afrontar los desafíos de la vida. El ejemplo de Salomón demuestra que pasar tiempo con Dios no sólo trae paz sino que también ayuda a las personas a alinear sus vidas con los valores eternos.

La sabiduría de Salomón también se extiende al concepto de mayordomía. Enseña que los recursos, talentos y oportunidades confiados a los individuos no son simplemente para beneficio personal sino que deben usarse para la gloria de Dios y el beneficio de los demás. Al abordar la vida con una mentalidad de mayordomía, las personas pueden usar su tiempo, habilidades y posesiones de maneras que tengan un impacto eterno. Esta perspectiva transforma incluso las tareas ordinarias en actos de adoración y servicio.

Una de las lecciones más profundas de las reflexiones de Salomón es el llamado a la humildad. Recuerda a los lectores las limitaciones del entendimiento humano y la necesidad de confiar en el plan mayor de Dios. Al reconocer su dependencia de Dios, las personas pueden liberarse de las presiones de la autosuficiencia y descansar con la seguridad de que sus vidas tienen un propósito dentro del diseño eterno de Dios. La humildad abre la puerta a experimentar la gracia y la sabiduría de Dios, que proporcionan el fundamento para una vida de significado eterno.

Salomón también habla de la importancia de la obediencia a los mandamientos de Dios. Concluye Eclesiastés con la observación de que temer a Dios y guardar sus mandamientos es el deber total de la humanidad. Esta declaración resume su creencia de que una vida vivida en reverencia a Dios y en obediencia a Su voluntad es la clave para encontrar el significado eterno. Al priorizar los valores de Dios sobre las ambiciones mundanas, las personas pueden vivir de una manera que lo honre y refleje Sus propósitos eternos.

A través de sus escritos, Salomón ofrece una perspectiva equilibrada sobre las alegrías y los desafíos de la vida. Reconoce la realidad del sufrimiento, la injusticia y la incertidumbre, pero también señala la esperanza y el propósito que surgen de una relación con Dios. Al confiar en la soberanía de Dios y abrazar Su plan, las personas pueden encontrar paz y satisfacción, incluso en medio de las complejidades de la vida.

Para los lectores modernos, la guía de Salomón proporciona una hoja de ruta para navegar en un mundo que a menudo prioriza los logros temporales y el éxito superficial. Sus reflexiones desafían a las personas a evaluar sus prioridades y considerar cómo sus vidas se alinean con los propósitos eternos de Dios. Al buscar una conexión más profunda con Dios, cultivar la gratitud, invertir en las relaciones y vivir con humildad e intencionalidad, las personas pueden descubrir un significado duradero en su viaje.

Las enseñanzas de Salomón en Eclesiastés ofrecen sabiduría eterna para encontrar un significado eterno en una existencia temporal. Sus reflexiones alientan a las personas a cambiar su enfoque de búsquedas pasajeras a valores que perduran más allá de esta vida. Al adoptar una perspectiva centrada en Dios, practicar la gratitud, buscar la sabiduría y vivir con un propósito, las personas pueden experimentar una vida que resuena con un significado eterno y refleja la belleza del diseño de Dios. Las ideas de Salomón continúan inspirando y guiando a quienes buscan vivir una vida significativa y plena anclada en la esperanza de la eternidad.

La búsqueda del propósito divino por encima de las ganancias mundanas

La vida y los escritos de Salomón enfatizan la importancia de centrarse en cumplir el propósito de Dios en lugar de perseguir el éxito mundano. Este mensaje central se puede ver en sus reflexiones a lo largo de Eclesiastés, Proverbios y otros relatos bíblicos de su vida. Salomón, a pesar de tener acceso a una sabiduría incomparable, una riqueza inmensa y un poder significativo, se dio cuenta de que la verdadera realización no proviene de logros materiales o mundanos, sino de alinear la vida con el plan de Dios.

Salomón observó que el éxito mundano a menudo trae satisfacción temporal, pero no aborda el anhelo más profundo de tener un propósito que reside en cada corazón humano. Describió sus experiencias de búsqueda de riqueza, placer y logros como, en última instancia, "sin sentido", comparándolas con perseguir el viento. Sus observaciones no fueron pensamientos abstractos sino lecciones personales que aprendió de su vida como uno de los reyes más exitosos de la historia. Salomón alcanzó la grandeza en términos de estándares humanos, construyó palacios, adquirió tesoros y se ganó la admiración de otras naciones. Sin embargo, estas búsquedas lo dejaron con una sensación de vacío, ya que no conducían a un significado eterno.

Uno de los puntos clave que señala Salomón es que Dios ha puesto la eternidad en los corazones de las personas. Esto significa que los humanos fueron creados con un deseo innato de buscar algo más allá de la naturaleza temporal de este mundo. Salomón enseña que si bien es natural esforzarse por alcanzar el éxito, estas búsquedas deben estar guiadas por un propósito superior. El éxito que excluye la participación de Dios a menudo conduce a la insatisfacción porque ignora la dimensión espiritual de la vida. Salomón anima a los lectores a priorizar su relación con Dios y buscar Su guía en todas las áreas de la vida, asegurándose de que sus esfuerzos sean significativos en el contexto de la eternidad.

Salomón también nos recuerda que los logros humanos, por grandiosos que sean, eventualmente se desvanecerán. Los edificios se derrumban, las riquezas se gastan e incluso el recuerdo de grandes hazañas puede olvidarse con el tiempo. Reflexiona sobre la idea de que una generación viene y otra se va, subrayando la naturaleza temporal de los logros mundanos. Esta comprensión lo lleva a concluir que lo que realmente importa no es cuánto acumula o logra una persona, sino si su vida se alinea con el propósito de Dios.

El trabajo es un área donde Salomón ofrece ideas profundas. Reconoce el valor del trabajo duro y la diligencia, pero también advierte contra hacer del trabajo un ídolo. Habla de la inutilidad de trabajar sin cesar para obtener ganancias materiales sin reconocer que, en última instancia, todas las bendiciones provienen de Dios. Salomón aconseja a la gente que vea su trabajo como un acto de adoración y un medio de glorificar a Dios. Al hacerlo, sus esfuerzos no se centran sólo en el éxito personal sino en contribuir a algo más grande que ellos mismos. Esta perspectiva transforma las tareas mundanas en oportunidades para servir a Dios y a los demás.

Otra lección importante de Salomón es la importancia del contentamiento. Señala que muchas personas se esfuerzan incansablemente por conseguir más riqueza, posesiones o estatus, creyendo que esas cosas les traerán felicidad. Sin embargo, Solomon señala que esta búsqueda incesante a menudo conduce a la frustración y la envidia más que a la satisfacción. Alienta a las personas a encontrar alegría en las simples bendiciones de la vida, como las relaciones significativas, los frutos del trabajo honesto y la belleza de la creación. El contentamiento surge al reconocer que todo lo que tenemos es un regalo de Dios y que la verdadera riqueza reside en un corazón agradecido.

Salomón también aborda los peligros de confiar en la riqueza material. Advierte que las riquezas son inciertas y pueden desaparecer rápidamente, dejando a la persona vulnerable e insatisfecha. La riqueza, cuando se persigue por sí misma, puede convertirse en una trampa que distrae a las personas de su llamado espiritual. Salomón enseña que en lugar de buscar seguridad en las posesiones, las personas deben confiar en Dios, quien satisface sus necesidades y ofrece seguridad eterna. Al priorizar la riqueza espiritual sobre las ganancias materiales, las personas pueden experimentar una sensación de paz y propósito que trasciende los altibajos de la vida.

La búsqueda del placer es otra área en la que Salomón comparte ideas valiosas. Relata sus propios esfuerzos por encontrar satisfacción a través del entretenimiento, la indulgencia y otras formas de disfrute. Si bien reconoce que el placer tiene su lugar, enfatiza que no es una fuente confiable de felicidad duradera. Salomón destaca la importancia de equilibrar el disfrute con la responsabilidad y garantizar que los placeres estén alineados con los principios de Dios. Cuando se busca dentro del marco del propósito de Dios, el placer se convierte en una fuente de gozo en lugar de una distracción pasajera.

Las reflexiones de Salomón también se extienden al legado que la gente deja. Observa que el éxito mundano a menudo lleva a las personas a centrarse en construirse un nombre o acumular riqueza para las generaciones futuras. Si bien no hay nada intrínsecamente malo en estos objetivos, Salomón advierte que pueden convertirse en actividades vacías si no se basan en la voluntad de Dios. Enfatiza la importancia de vivir una vida que refleje los valores de Dios, ya que este tipo de legado tiene un significado eterno. Los actos de bondad, fidelidad y obediencia a Dios dejan un impacto duradero que va más allá de la herencia material.

La oración y la adoración desempeñan un papel central en la guía de Salomón para perseguir el propósito de Dios. Él modela una vida de búsqueda de la sabiduría de Dios a través de la oración y dedicando los logros a la gloria de Dios. Por ejemplo, cuando construyó el templo, el enfoque de Salomón no estaba en su propia grandeza sino en crear un lugar donde la gente pudiera conectarse con Dios. Este acto de devoción sirve como recordatorio de que los logros son más significativos cuando están arraigados en el deseo de honrar a Dios.

Otro aspecto importante de las enseñanzas de Salomón es el llamado a la obediencia. Concluye Eclesiastés con una poderosa declaración: el deber de la humanidad es temer a Dios y guardar sus mandamientos. Este llamado a la obediencia refleja su creencia de que vivir según los principios de Dios es la base de una vida plena y significativa. Al alinear sus acciones con la voluntad de Dios, las personas pueden experimentar un sentido de propósito que trasciende la naturaleza fugaz de las actividades mundanas.

Para los lectores modernos, la sabiduría de Salomón ofrece una valiosa guía para navegar en un mundo que a menudo prioriza el éxito, la riqueza y el reconocimiento. Sus reflexiones desafían a las personas a examinar sus motivaciones y a considerar si sus objetivos están alineados con el propósito de Dios. Al centrarse en el crecimiento espiritual, cultivar la gratitud y servir a los demás, las personas pueden encontrar una satisfacción que perdure más allá de su vida.

El llamado de Salomón a priorizar el propósito de Dios sobre los beneficios mundanos es un mensaje eterno que habla de los anhelos más profundos del corazón humano. Sus reflexiones alientan a las personas a cambiar su enfoque de los logros temporales a valores que tienen un significado eterno. Al buscar una relación con Dios, vivir con integridad y adoptar un sentido de mayordomía, las personas pueden experimentar una vida de verdadera plenitud y dejar un legado que honre a Dios e inspire a otros. La sabiduría de Salomón continúa guiando e inspirando a quienes buscan una vida con propósito y significado en un mundo a menudo dominado por búsquedas fugaces.

CAPÍTULO 8

Transmitir sabiduría a las generaciones futuras

El legado de Salomón a través de Proverbios y Eclesiastés

Las enseñanzas de Salomón en Proverbios y Eclesiastés ofrecen una sabiduría eterna que ha seguido inspirando y guiando a personas a lo largo de generaciones. Sus escritos abordan diversos aspectos de la vida, incluida la moralidad, las relaciones, el trabajo, la fe y el significado de la existencia, y brindan principios que son tan relevantes hoy como lo fueron hace miles de años. El legado perdurable de las palabras de Salomón radica en su capacidad para conectarse con personas de todos los ámbitos de la vida, ofreciendo una guía que trasciende las fronteras culturales e históricas.

El libro de Proverbios a menudo se ve como una colección de dichos breves e impactantes que abordan cuestiones prácticas de la vida cotidiana. Salomón escribió muchos de estos proverbios para brindar consejos claros y concisos para vivir sabiamente. Estas enseñanzas enfatizan la importancia de la integridad moral, la diligencia, la humildad y la reverencia a Dios. Por ejemplo, Salomón recuerda frecuentemente a los lectores que la sabiduría comienza con el temor del Señor. Este principio fundamental anima a las personas a afrontar la vida con humildad y reconociendo su necesidad de guía divina.

Proverbios también destaca la importancia de la disciplina y el trabajo duro. El consejo de Salomón sobre este tema es práctico y directo, y anima a las personas a evitar la pereza y adoptar una sólida ética de trabajo. Utiliza imágenes vívidas, como la hormiga que diligentemente recolecta su comida en preparación para el invierno, para enseñar el valor de la planificación y el esfuerzo. Estas lecciones siguen siendo relevantes y recuerdan a los lectores que el éxito a menudo se logra mediante esfuerzo y perseverancia constantes.

Las relaciones son otro foco clave de las enseñanzas de Salomón en Proverbios. Ofrece sabiduría sobre cómo fomentar la armonía en las familias, las amistades y las comunidades. Por ejemplo, aconseja hablar con amabilidad, escuchar atentamente y evitar los chismes como prácticas esenciales para mantener conexiones saludables. Salomón también advierte contra los peligros de la ira, el orgullo y la deshonestidad, e insta a los lectores a elegir cuidadosamente sus palabras y acciones. Estos principios siguen resonando en la gente de hoy, ya que la búsqueda de relaciones significativas sigue siendo un deseo humano universal.

Uno de los aspectos más sorprendentes de Proverbios es su enfoque en el carácter y la virtud. Salomón constantemente enfatiza el valor de la honestidad, la bondad y la humildad, presentándolas como cualidades que conducen a una vida plena. Contrasta estas virtudes con las consecuencias de la necedad, la arrogancia y el egoísmo, pintando un cuadro claro de los resultados que resultan de diferentes elecciones. Este énfasis en la responsabilidad personal anima a las personas a luchar por la excelencia moral en su vida diaria.

Eclesiastés, por otra parte, refleja las reflexiones de Salomón sobre las cuestiones más profundas de la vida. En este libro, explora temas como la naturaleza fugaz de las actividades mundanas y la búsqueda de un significado duradero. Salomón comienza Eclesiastés con una profunda observación: todo lo que hay debajo del sol es vanidad. Esta frase captura su comprensión de que los logros, placeres y posesiones terrenales son, en última instancia, temporales y no pueden proporcionar una verdadera satisfacción.

A través de Eclesiastés, Salomón invita a los lectores a reflexionar sobre el propósito de sus vidas. Examina varios caminos que la gente suele seguir, como la riqueza, el conocimiento y el placer, y concluye que ninguno de ellos puede satisfacer el anhelo humano de significado. En cambio, señala a los lectores hacia una relación con Dios como fuente de verdadera realización. Las reflexiones de Salomón alientan a las personas a priorizar su vida espiritual y buscar un significado eterno en sus acciones.

Uno de los mensajes clave de Eclesiastés es la importancia de disfrutar de las sencillas bendiciones de la vida. Solomon reconoce que la vida puede ser impredecible y estar llena de desafíos, pero anima a los lectores a encontrar alegría en sus relaciones, su trabajo y la belleza de la creación. Esta perspectiva recuerda a las personas que deben apreciar el momento presente y cultivar la gratitud por los regalos que se les han dado. También refuerza la idea de que el contentamiento no proviene de circunstancias externas sino de una actitud de agradecimiento y confianza en Dios.

Salomón también aborda la inevitabilidad de la muerte en Eclesiastés, instando a los lectores a considerar el legado que dejarán. Enfatiza que una vida vivida en alineación con el propósito de Dios tiene un valor duradero, incluso cuando los logros terrenales se desvanecen. Esta perspectiva desafía a las personas a pensar más allá de sus deseos inmediatos y a considerar cómo sus acciones pueden impactar a las generaciones futuras.

Tanto Proverbios como Eclesiastés reflejan la profunda comprensión de Salomón de la naturaleza humana y su deseo de guiar a otros hacia una vida de sabiduría y plenitud. Sus enseñanzas siguen siendo relevantes porque abordan verdades universales sobre la experiencia humana. Ofrecen consejos prácticos para afrontar los desafíos cotidianos y al mismo tiempo alientan a los lectores a explorar preguntas más profundas sobre el propósito y el significado.

Los lectores modernos siguen encontrando inspiración en las palabras de Salomón porque proporcionan un marco para vivir bien. Su énfasis en la sabiduría, la disciplina y la integridad resuena en quienes buscan tomar decisiones acertadas en un mundo complejo. Al mismo tiempo, sus reflexiones sobre la naturaleza fugaz de la vida desafían a las personas a centrarse en lo que realmente importa e invertir su tiempo y energía en actividades que se alinean con la voluntad de Dios.

Los escritos de Salomón también sirven como recordatorio de la importancia de transmitir sabiduría a las generaciones futuras. Sus proverbios fueron escritos con la intención de guiar a los jóvenes y sus reflexiones en Eclesiastés son un testimonio del valor de compartir lecciones de vida con los demás. Los padres, maestros y mentores pueden aprovechar las enseñanzas de Salomón para inculcar valores de sabiduría, humildad y reverencia a Dios en la próxima generación.

En un mundo que cambia rápidamente, los principios esbozados en Proverbios y Eclesiastés siguen siendo anclas firmes. Proporcionan una fuente de aliento para quienes enfrentan desafíos y una hoja de ruta para quienes buscan vivir con propósito e integridad. Las palabras de Salomón recuerdan a los lectores que la verdadera sabiduría no se trata de acumular conocimientos o lograr el éxito, sino de alinear la vida con el diseño de Dios y abrazar los valores que conducen a una realización duradera.

Las enseñanzas de Salomón en Proverbios y Eclesiastés han dejado un profundo legado que continúa inspirando y guiando a personas de todas las culturas y generaciones. Sus conocimientos sobre la naturaleza humana, las relaciones, el trabajo y la espiritualidad ofrecen una sabiduría eterna que habla del corazón de lo que significa vivir una vida significativa. Al priorizar los principios de Dios y compartir esta sabiduría con los demás, las personas pueden honrar el legado de

Salomón y contribuir a un mundo guiado por la verdad, el amor y el propósito.

Enseñar e inspirar a la próxima generación

Transmitir lecciones de la sabiduría de Salomón puede proporcionar a los jóvenes herramientas valiosas para afrontar los desafíos de la vida y tomar decisiones acertadas. Sus enseñanzas, que se encuentran en libros como Proverbios y Eclesiastés, ofrecen consejos prácticos, orientación moral y conocimientos espirituales que son relevantes incluso hoy. Estas lecciones pueden ayudar a los jóvenes a desarrollar el carácter, encontrar un propósito y fomentar relaciones significativas.

Una lección importante de la sabiduría de Salomón es el valor de buscar conocimiento y comprensión. Salomón enfatiza que la sabiduría es más valiosa que las riquezas y que perseguirla conduce a una vida plena. Anima a las personas a escuchar los consejos, aprender de los demás y permanecer abiertos a la corrección. Para los jóvenes, esto significa reconocer la importancia de la educación, no sólo en la escuela sino en todos los aspectos de la vida. Los escritos de Solomon inspiran curiosidad y un compromiso de por vida con el aprendizaje, ayudando a los jóvenes a convertirse en adultos reflexivos e informados.

Otra enseñanza clave es la importancia de respetar a los padres y a los mayores. Salomón frecuentemente aconseja a los niños que presten atención a la guía de sus padres y aprecien la sabiduría que les ha sido transmitida. Respetar la autoridad y aprender de quienes tienen experiencia son principios fundamentales en sus proverbios. Para los jóvenes, esto refuerza el valor de la humildad y la gratitud, animándolos a escuchar los consejos de quienes se preocupan por su bienestar.

Salomón también enfatiza la necesidad de disciplina y trabajo duro. Contrasta al trabajador diligente con el individuo perezoso, mostrando que el esfuerzo y la perseverancia conducen al éxito. Los jóvenes pueden aprender de estas enseñanzas aceptando responsabilidades, estableciendo metas y trabajando para lograrlas con determinación. Esta lección les ayuda a comprender que los logros a menudo requieren paciencia y dedicación y que evitar atajos conduce al éxito a largo plazo.

La amistad y las personas con las que uno se relaciona son temas recurrentes en la sabiduría de Salomón. Advierte contra la compañía de tontos y aconseja elegir amigos que fomenten el buen comportamiento. Para los jóvenes, esta lección es especialmente importante a medida que enfrentan la presión de sus compañeros y toman decisiones sobre en quién confiar y con quién pasar el tiempo. El consejo de Solomon los alienta a construir amistades basadas en la confianza, el respeto y el estímulo mutuo, ayudándolos a convertirse en personas positivas y solidarias.

El concepto de integridad es central en las enseñanzas de Salomón. Destaca la importancia de la honestidad, la justicia y hacer lo correcto, incluso cuando sea difícil. Los jóvenes pueden aprender que su reputación y carácter importan mucho más que el éxito material. Al practicar la integridad en sus acciones y palabras, pueden generar confianza y respeto en sus relaciones y comunidades.

Solomon también ofrece información sobre cómo gestionar las emociones y evitar conductas dañinas. Desaconseja dejar que la ira controle las acciones y enfatiza el valor de la paciencia y el autocontrol. Estas lecciones pueden ayudar a los jóvenes a desarrollar inteligencia emocional, permitiéndoles responder reflexivamente a los desafíos en lugar de reaccionar impulsivamente. Aprender a gestionar las emociones es una habilidad que les servirá a lo largo de su vida, fomentando relaciones y toma de decisiones más saludables.

Una de las lecciones más perdurables de la sabiduría de Salomón es la importancia de la humildad. Enseña que el orgullo conduce a la caída, mientras que la humildad abre la puerta al crecimiento y al aprendizaje. Para los jóvenes, esto significa reconocer que no tienen todas las respuestas y que buscar ayuda y orientación es una fortaleza, no una debilidad. La humildad les permite aprender de los errores, apreciar las contribuciones de los demás y convertirse en personas compasivas y comprensivas.

Las reflexiones de Salomón sobre la naturaleza fugaz de la vida en Eclesiastés ofrecen perspectivas valiosas para los jóvenes. Recuerda a los lectores que las actividades terrenales, como la riqueza y la fama, son temporales y que la verdadera realización proviene de vivir una vida significativa centrada en valores y propósitos. Esta enseñanza anima a los jóvenes a pensar más allá de los logros materiales y centrarse en lo que realmente importa, como las relaciones, el crecimiento personal y contribuir positivamente al mundo.

La gratitud y el contentamiento son otras lecciones importantes de los escritos de Salomón. Enseña que encontrar alegría en las bendiciones simples de la vida, como la familia, las amistades y el trabajo significativo, conduce a la felicidad. Para los jóvenes, esta lección los alienta a apreciar lo que tienen en lugar de buscar constantemente más. La gratitud ayuda a desarrollar una mentalidad positiva y fortalece las relaciones, creando las bases para una vida plena.

La fe y la confianza en Dios son fundamentales para las enseñanzas de Salomón. Enfatiza que la sabiduría comienza con la reverencia a Dios y que vivir en alineación con los principios divinos conduce a una vida con propósito y paz. Los jóvenes pueden aprender de esto para desarrollar su vida espiritual, buscando orientación y fortaleza a través de la oración y la reflexión. Esta conexión con Dios proporciona estabilidad y dirección, especialmente en tiempos difíciles.

Salomón también enseña sobre la importancia de la generosidad y la bondad. Alienta a ayudar a los necesitados y a mostrar compasión por los demás. Para los jóvenes, esta lección los inspira a mirar más allá de sus propias necesidades y contribuir positivamente a sus comunidades. Los actos de bondad no sólo benefician a los demás sino que también aportan una sensación de plenitud y alegría a quien los da.

El equilibrio entre trabajo y descanso es otro tema de la sabiduría de Salomón. Reconoce el valor del trabajo duro pero también advierte contra dejarse consumir por él. Los jóvenes pueden aprender la importancia de establecer límites, cuidar su salud física y mental y garantizar que sus vidas estén equilibradas. Esta lección ayuda a prevenir el agotamiento y los anima a disfrutar de los placeres simples de la vida.

La sabiduría de Salomón también aborda el valor del discurso cuidadoso. Aconseja utilizar las palabras con prudencia, evitar los chismes y hablar con amabilidad y honestidad. Los jóvenes pueden aprender que sus palabras tienen el poder de edificar a otros o derribarlos. Al practicar una comunicación reflexiva, pueden crear relaciones más sólidas e influir positivamente en quienes los rodean.

El énfasis de Salomón en dejar un legado positivo resuena profundamente. Él alienta a las personas a vivir de una manera que impacte a los demás para mejorar y honrar los principios de Dios. Para los jóvenes, esta lección sirve como recordatorio de que sus acciones de hoy moldean el futuro. Al vivir con un propósito y tomar decisiones que se alineen con sus valores, pueden inspirar a otros y contribuir a un mundo mejor.

Las enseñanzas de Salomón brindan una guía eterna que puede inspirar a los jóvenes a vivir con sabiduría, propósito e integridad. Estas lecciones los preparan para afrontar los desafíos de la vida, construir relaciones significativas y generar un impacto positivo en sus comunidades. Al adoptar estos principios, los jóvenes pueden crear una vida plena y dejar un legado de bondad, sabiduría y fe para las generaciones futuras.

Vivir como modelo a seguir de la sabiduría de Salomón

Encarnar la sabiduría de Salomón implica incorporar sus enseñanzas a la vida diaria y utilizarlas para inspirar y guiar a otros de manera significativa. Las ideas de Salomón, especialmente las de Proverbios y Eclesiastés, enfatizan los valores de humildad, integridad, diligencia y fe, que pueden servir como una base sólida para cualquiera que busque influir positivamente en su entorno.

Una manera de vivir la sabiduría de Salomón es cultivando un fuerte sentido de integridad. Salomón a menudo destacó la importancia de la honestidad y la rectitud en los tratos personales y profesionales. Cuando las personas toman decisiones consistentemente que se alinean con lo que es moralmente correcto, dan un ejemplo de confiabilidad a los demás. Esto puede influir en los niños, amigos y colegas para que también actúen con honestidad, mientras observan los beneficios de una vida basada en la verdad.

Otro aspecto clave de la sabiduría de Salomón es la práctica de la humildad. Salomón advirtió contra el orgullo y alentó la humildad como camino hacia la sabiduría. Las personas que permanecen humildes están abiertas a aprender de los demás, admiten sus errores y están dispuestas a escuchar consejos. Esta humildad puede inspirar a otros a abordar la vida con una mentalidad que valora el crecimiento por encima del ego. Ser humilde también crea un ambiente donde las personas se sienten valoradas y respetadas, fomentando relaciones más sólidas.

La diligencia en el trabajo es un principio que Salomón a menudo enfatizaba. Enseñó que el trabajo duro conduce a la prosperidad, mientras que la pereza resulta en pérdidas. Vivir según esta sabiduría implica asumir la responsabilidad de las propias tareas y perseverar a través de los desafíos. Cuando las personas demuestran dedicación y constancia, no sólo logran el éxito personal sino que también motivan a quienes los rodean a adoptar una ética de trabajo similar. Esto puede tener un efecto dominó, fomentando la productividad y la excelencia en las familias y comunidades.

La sabiduría en el habla es otra enseñanza importante de Salomón. Aconsejó utilizar las palabras con cuidado, hablar con amabilidad y evitar los chismes o las conversaciones dañinas. Al practicar una comunicación reflexiva, las personas pueden generar confianza y fomentar interacciones positivas. Esto puede influir en otros para que sean más conscientes de su idioma, fomentando una cultura de respeto y comprensión. Además, ser un buen oyente, como recomendó Solomon, muestra empatía y fortalece las conexiones con los demás.

El énfasis de Salomón en las relaciones y la comunidad proporciona una guía valiosa para influir positivamente en los demás. Enseñó la importancia de rodearse de personas sabias y edificantes. Al construir relaciones sólidas y de apoyo, las personas crean una red de aliento y responsabilidad. Ser un amigo o familiar confiable que ofrece apoyo en momentos difíciles puede inspirar a otros a cultivar vínculos similares en sus vidas.

Una parte importante de vivir la sabiduría de Salomón es demostrar autocontrol y paciencia. A menudo advertía contra los temperamentos irascibles y las decisiones precipitadas, y abogaba en cambio por la calma y la acción deliberada. Las personas que mantienen la compostura durante los conflictos y manejan los desafíos con gracia dan un poderoso ejemplo a los demás. Este comportamiento puede enseñar a los niños y a sus compañeros el valor de la paciencia y la importancia de considerar las consecuencias de sus acciones.

La generosidad y la bondad son temas centrales en las enseñanzas de Salomón. Animó a ayudar a los necesitados y a ser generosos con los recursos. Vivir generosamente, ya sea mediante apoyo financiero, voluntariado u ofreciendo estímulo emocional, puede inspirar a otros a practicar la compasión. Los actos de bondad a menudo tienen un efecto multiplicador, difunden la positividad y crean una comunidad más solidaria.

Otra forma de encarnar la sabiduría de Salomón es priorizando el crecimiento espiritual. Salomón creía que la reverencia a Dios es el fundamento de la verdadera sabiduría. Las personas que viven con fe, buscan guía a través de la oración y alinean sus acciones con principios espirituales sirven como modelos a seguir para otros que buscan una vida significativa y con propósito. Esto puede animar a amigos y familiares a explorar sus propios viajes espirituales y encontrar fortaleza en su fe.

Salomón también enfatizó la importancia de la gratitud y de encontrar gozo en las simples bendiciones de la vida. Al practicar el agradecimiento y la satisfacción, las personas pueden desviar su atención del materialismo y mostrar a los demás que la verdadera felicidad proviene de apreciar lo que ya tenemos. La gratitud fomenta una actitud positiva y ayuda a crear una atmósfera de paz y satisfacción.

La enseñanza y la tutoría son formas poderosas de transmitir la sabiduría de Salomón. Compartir conocimientos, ofrecer orientación y ayudar a otros a afrontar los desafíos de la vida son formas de predicar con el ejemplo. Esto podría implicar enseñar a los niños el valor de la honestidad, animar a un amigo a buscar la sabiduría o asesorar a alguien que necesite dirección. Ser maestro, tanto de palabra como de obra, garantiza que los principios de Salomón sigan inspirando a las generaciones futuras.

Vivir como modelo a seguir también implica conciliar trabajo y descanso. Salomón reconoció la importancia del trabajo diligente pero también reconoció la necesidad de descansar y disfrutar. Tomarse el tiempo para relajarse, pasar tiempo con sus seres queridos y reflexionar sobre la vida ayuda a mantener la salud física y emocional. Este equilibrio muestra a los demás que una vida plena implica tanto esfuerzo como rejuvenecimiento.

Las reflexiones de Salomón sobre la naturaleza fugaz de la vida nos recuerdan que debemos centrarnos en lo que realmente importa. Perseguir la riqueza y el éxito mundano, como observó Salomón, a menudo conduce al vacío. En cambio, vivir con un propósito, valorar las relaciones y tomar decisiones éticas deja un legado duradero. Al priorizar estos valores, las personas pueden inspirar a otros a perseguir lo que es significativo y duradero.

A través de la integridad, la humildad, la diligencia y la fe, la sabiduría de Salomón ofrece una guía eterna para influir positivamente en los demás. Al vivir estos principios, las personas no sólo enriquecen sus propias vidas sino que también crean un impacto duradero en sus familias, comunidades y más allá.

CONCLUSIÓN

Abrazando la sabiduría de Salomón para una vida plena

Las enseñanzas de Salomón brindan una guía profunda para vivir una vida que sea a la vez significativa y satisfactoria. Su sabiduría, registrada en Proverbios, Eclesiastés y otros escritos, enfatiza la importancia de alinear la vida con los valores espirituales, priorizar la sabiduría y cultivar relaciones sólidas. Estas lecciones siguen siendo relevantes para cualquiera que busque un propósito y una iluminación en el complejo mundo actual.

Uno de los temas centrales de la sabiduría de Salomón es el temor del Señor como fundamento del conocimiento y la comprensión. Esta reverencia por Dios no se trata de miedo en el sentido de tener miedo, sino de reconocer la grandeza, la autoridad y el papel de Dios en el universo. Salomón enseñó que la verdadera sabiduría comienza con reconocer nuestra dependencia de Dios y buscar Su guía en todos los aspectos de la vida. Al poner a Dios en primer lugar, las personas pueden desarrollar una comprensión más profunda de su propósito y tomar decisiones que les brinden una satisfacción duradera.

Otro aspecto crítico de las enseñanzas de Salomón es el valor de la humildad. Enfatizó que la arrogancia conduce a la caída, mientras que la humildad abre la puerta a la sabiduría y el crecimiento. Aceptar la humildad permite a las personas aprender de sus experiencias, buscar consejo de los demás y permanecer firmes a pesar de sus logros. Un corazón humilde fomenta relaciones más sólidas, una mayor empatía y una apertura a nuevas perspectivas, que son esenciales para el desarrollo personal y espiritual.

Salomón también destacó la naturaleza fugaz de las actividades terrenales. En Eclesiastés, reflexionó sobre cómo la riqueza, el poder y el éxito material son temporales y a menudo no brindan una satisfacción duradera. En lugar de perseguirlos, instó a las personas a encontrar alegría en las simples bendiciones de la vida, como el trabajo significativo, las relaciones amorosas y los momentos de paz. Esta perspectiva anima a las personas a centrarse en lo que realmente importa, ayudándoles a evitar el vacío de una vida impulsada únicamente por objetivos materialistas.

Las relaciones son otra piedra angular de la sabiduría de Salomón. Enseñó la importancia de fomentar la confianza, la bondad y la comprensión en las interacciones con los demás. Las relaciones saludables se basan en el respeto mutuo, la comunicación efectiva y la voluntad de perdonar. Al priorizar estos valores, las personas pueden crear una comunidad de apoyo que fomente el crecimiento y el amor. Este sentido de conexión no sólo enriquece la vida sino que también se alinea con principios espirituales que fomentan la armonía y la compasión.

Salomón enfatizó la diligencia y el trabajo duro como claves para el éxito y la satisfacción personal. Contrastó las recompensas del esfuerzo con las consecuencias de la pereza, enseñando que el trabajo constante conduce a la prosperidad y la satisfacción. Sin embargo, también reconoció la importancia del descanso y la reflexión, recordando a las personas que deben encontrar el equilibrio y tomarse tiempo para disfrutar los frutos de su trabajo. Este equilibrio ayuda a mantener el bienestar físico, emocional y espiritual.

En el centro de las enseñanzas de Salomón está la búsqueda de la sabiduría como un viaje de toda la vida. La sabiduría no se trata simplemente de inteligencia, sino que implica discernimiento, comprensión y la capacidad de tomar decisiones acertadas. Requiere escuchar a los demás, aprender de las experiencias y buscar la verdad en cada situación. Al priorizar la sabiduría, las personas pueden afrontar los desafíos de la vida con claridad y propósito, encontrando satisfacción tanto en los éxitos como en las luchas.

Abrazar la sabiduría de Salomón conduce a una vida de iluminación espiritual, paz interior y verdadera plenitud. Sus enseñanzas alientan a las personas a construir una base de fe, actuar con humildad, valorar las relaciones, trabajar diligentemente y buscar significado más allá de las actividades materiales. Estos principios eternos brindan un camino hacia una vida rica en propósito, alegría y conexión, y ofrecen guía para las generaciones venideras.

www.ingramcontent.com/pod-product-compliance
Lightning Source LLC
Chambersburg PA
CBHW061627250726
48659CB00004B/1118